JN272191

スペイン 前世旅行

スピリチュアルと旅の融合

荒居砂羅

目次

プロローグ

誰でもふと旅に出ることがあります。

海外旅行も特別なことではなくなり、ごく気楽に楽しめるようになりました。

友人と気軽に近場の東南アジアに出かけたり、仕事を忘れてのんびりしたいからハワイに行ったり、または野生のキリンを見たいからアフリカを旅したり、仕事で外国へ行くなどその目的や選択技もいろいろです。けれど、何気ないきっかけで訪れた初めての土地や国、そこは前世であなたが暮らしたところだと知ることは少ないかもしれません。

人は無意識に、前世で生きたところを訪ねることがよくあります。初めて訪れた所なのに、なんだか懐かしい気持ちになったり、何気ない場所で不思議と切ない気持ちになったり、時にはデジャブと言われるような以前見たような風景に出会ったり、または一度だけでなく何度もその国を訪れたり……そんなことは良くあるのかもしれません。

なぜそこに行くことにしたのでしょう、または、なぜそこに行くことをためらったのでしょう。明確な理由は分からないかもしれません。ただなんとなく楽しそうだから、ただなんとなく気が進まないから……でも、その気持ちの奥にある古い記憶を思い出してみませんか。何故ならそこには大切なものが隠されている可能性があるからです。

＊　＊

私はいわゆる「前世の記憶」を旅を通して追体験しました。

それまで私は前世にそれほど興味はありませんでしたし、そういったものを体験する特別な能力もありませんでした。むしろ前世などというものは、若いころに夢見る幻想だと思っていました。

では、特別な能力がなかった私がどうやって前世を思い出したのか。そして、それがなぜ前世の記憶だと思ったのかをこの本でご紹介したいと思います。

そしてさらに面白いことに、私にとってこの前世を思い出す体験は、それまで現実に抱えていた目の前の問題を解決する手掛かりにもなったのです。

どういうことかというと、例えばある前世を思い出すことによりそれまで分からなかった、今の人生の生まれてきた目的、現在の人間関係やその背景などが理解できて、目の前の問題の意味が納得できたのです。

つまり、今の自分が何度も生まれ変わりながら、それぞれの前世での人生体験を通して、その時の感情や考え方を今に持ち越している——そのことに気が付き、自分の意識が変わっていったのです。

そうして意識が変わると、そこから派生している目の前の現実も変わります。

なぜかというと、自分の周りの現実は自分の意識が影響しています。つまり、自分で創造しているからです。意識を変えることで自分の状況が変わってゆくのです。

何気ないきっかけで出かけた旅は、実はとても大切なメッセージや問題解決の鍵が隠されているかもしれません。

旅を通して、時空を超えた遠い昔の自分を体験してみませんか。

もしあなたが、旅を通して前世を思い出してみようと思われたら、わたしの体験が参考になるかもしれません。

この本で知っていただきたいのは、特別な能力もなかった私が重要な前世を知ったきっかけ、そしてその記憶を確認するために行ったスペインへの旅、前世を思い出す体験で何が起きたかなどです。さらに、この体験をもとに、だれにでもある日常の中でその鍵を探すヒントなどもお伝えしたいと思います。

＊　＊

ところで前世を思い出したり、追体験することはロマンティックな幻想ととらえている方も多いと思いますが、実はもっと奥が深くて、例えば極めて現実的な今抱えている問題の解決にもなり、さらにその体験と同時進行で肉体の五感を超えた別の感覚ともつながることも可能です。つまり、あなたが本来持っている特別な能力が開花することへつながります。

私自身、この体験をきっかけに、他人の前世がわかる、故人とアクセスする、動物や植物とつながる……といった今まで経験しなかった能力が開けました。

それはちょうど、インターネットの光の回線がつながった感じです。

なにげなく出かけた旅も、視点を変えると沢山の素晴らしいメッセージが用意されているはずです。あなたも、前世の旅を堪能してください。そして新たなるステージに進まれることをおすすめします。

それでは、私のなにげない旅が実はとても素晴らしい体験だったという、スペイン・クエンカの旅のお話をします。

始めは、この原稿を書くきっかけになった場面から、お話をスタートすることにします。

それは突然のテレビの出演でした。

ご覧になった方がいらっしゃるかもしれませんがお昼の番組「笑っていいとも」です。（すでに番組は終了してしまいましたが）

◆1章　タモリさんの番組に

突然のシンクロメール

２０１３年2月14日。

寒い日でした。この日私は引っ越しだなんだと忙しくしているさ中でしたがそこに突然メールがきました。メールが入った携帯を開いてみると、**時刻はちょうど13：13です。**（これは大切なメッセージだワと閃きます）。

数字がきれいに並んでいることに特別な意味があるように思えて、なにか重要なメッセージのような気がしました。

というのも、２０１３年に入ってから、特にシンクロが増えたせいもあります。

それにこの1と3の数字にも強い意味があるように感じたので、ちょっと緊張して（誰からかしら？）と、発信者を確認すると、高校の同級生時代からの友人の美保ちゃんからでした。

美保ちゃんには、なにかとお付き合いいただいて早40年以上経ちます。

彼女のご主人より長いお付き合いで、お互いに姉妹がいないこともあり、よく一緒に旅行したり食事をしたりする気心知れた関係です。

美保ちゃんは普通に結婚して子どもが一人。良きお母さんで家庭的な奥さんですが、「私あげまんなんだよ」と自慢げに言います。何があげまんなのかはわかりませんが、ご主人にも自慢しているそうです。

あげまん美保ちゃんはとても現実的な人で、スピリチュアルな話題にはほとんど興味がなく、私のとっておきの不思議な体験を話しても「ふーん」と、いつも気のない対応をします。ですから、私も美保ちゃんには出来るだけそういった話をしないように気をつけていますが、結局、話題にしてしまうのが私。そんな美保ちゃんからのメールでした。

タイトルは「笑っていいとも」。内容は次のようなものでした。

今　見てたら「前世の記憶がある人」を募集してました
そのほかに「スピリチャル園児」とか
明朝9時に　アルタ前集合だそう……ちょっと違う気もするけど

一応　お知らせします
関係無かったら　無視して下さい

と、あります。

「スピリチュアル」を「スピリチャル」としているところもなんだか微笑ましい。

繰り返しますが、あげまん美保ちゃんは私が「人間て何度も生まれ替わるみたいよ」というと「えぇ～っ、また生まれるなんてめんどくさい」などとスピリチュアルにまったく興味がありませんが、いつもそんな話をしている私のためにわざわざメールしてくれたのでした。

「笑っていいとも」はもちろん知っていますが、このところは見ていませんでしたから、これだけのメールの内容ではよくわかりませんが、とりあえず行ってみようかしら……と思いました。何か強く後押しされる気持ちを感じたからです。

TVに出て注目を浴びたいわけではありません。その影響力や、真剣に番組を作っている方々のことを考えると、こんなきっかけで出演しても良いのか躊躇もありました。

けれど幸いスタジオアルタは家から20分くらいで行けますし、仕事でTVに出していただいた経験もありますから、番組出演がそんなに特別なことには思えませんでした。堅苦しい番組ではないしどうなるのか分からないけれど、とりあえず行ってみようっ、て感じでした。

翌日の雑多な予定はなんとか調整できそうだし、夜、美保ちゃんに電話すると、明日の私の抜けられない用事も替わりに手伝ってくれると言います。そのあとは美保ちゃんと何を着ていこうかなどと、ほとんど出る気で話をして盛り上がり、当日になりました。

TVオーディション

あげまん美保ちゃんも、実は番組の主旨がほとんどわかっていなかったようで、当然ながら私もいまいち把握できないまま、アルタにつきました。

ちょっと到着が早過ぎてしまいましたが適当に時間をつぶして、朝9時過ぎに受付けをして指定された場所に行くと、すでに応募してきた人の列ができていて、その列に並びました。

しばらくすると番組の関係者らしき方が来て「これからオーディションがあります」と説明します。

(オーディション‼　そんな大変なことなんだ……)

そりゃそうですよね、誰でも良いわけじゃないでしょうし、何人もいたら選ばなくちゃなりませんもの。

(しかしどんな主旨なんだろう？　いまさら訊けない)

どうやら前世の記憶がある人だけでなく、いろいろなテーマの応募の方がテーマごとにオーディションをしていくようで、次々と呼ばれてスタジオ内に入っていきます。やがて順番がきて「前世の記憶が有る人」の応募者のオーディションとなり会場の中に入り、設営された舞台の上に並ぶと番組制作関係者らしき方から次々に質問されていきます。

私の番では「どんな前世の記憶か?」とか「いつ思い出したか?」とか「どうやって思い出したか?」とか、そんな質問だったと思います。

(もうずいぶん前のことだしなぁ)と思いつつ、丁寧に生真面目に答えました。

質問に対応する流れの中で、今は他人の前世もわかることや、故人にアクセス出来ることも触れましたが、反応はイマイチでした。

(やっぱりね……ちょっとしゃべりすぎたかな?)と思いつつ、またもとの場所ですべてのオーディションが終わるまで待ちます。

やがてすべてのオーディションが終了したらしく、各テーマで選ばれた出演者の名前が呼び出されました。

私は自分では、「前世の記憶がある」という応募者の中では私の体験が一番興味深いと思いましたが、呼ばれたのは四十代くらいの男性でした。

(あら私じゃないのね……)

ちょっと残念な拍子抜けした気分でしたけれど、呼ばれなかった人は帰って良いとのことなので、案内されるままエレベーターで下に行き、外に出ました。

(やっぱり番組の主旨と違ってたのかしら。つまりマジメなんじゃなくて、楽しい感じ、笑って

いいともだし）

（シンクロメールの意味するところは当分お預けかな？）なんて思いながら地下鉄へ向かおうとしたとき、後ろから誰かに呼び止められました。

振り向くと、そこにいたのは番組制作スタッフの方で「すみません、時間があったらまた戻っていただけますか？」と言われました。

どうやら最初に呼ばれた男性がキャンセルになったみたいです。やっぱり、シンクロなんだ。

エレベーターで上がり、またさきほどの待合コーナーに逆戻りです。

もう一人呼び戻された若い男性もいましたが、結局私が出演することに決まったようで、別のテーマの出演が決まった方々が待機しているところに案内されました。

このままここで本番まで待機するとのことです。

そうこうしているうちにもう午前10時。番組スタートにはまだ2時間もあります。

（うん、やっぱり出ることになったんだ！　しかし番組の主旨がわからない……）

（本番になったら、ここにいるいろいろなテーマの若い人たちとどんなふうになるのかしら）

そこで、待機している別のテーマの応募者の若い男性に恐る恐る番組の主旨を訊いてみることにしました。その説明によると、

――金曜日に出演しているレギュラーのタレントさんが、こんな人が世の中に、もしいたら会ってみたいということで、いろんな希望をだした。その中に「前世の記憶がある人」がいたら、会

ってみたいということで募集した──

と教えてもらいました。やっと理解してきました

そうこうするうちに本番が始まったようです。モニターもなにもない待合コーナーで携帯のワンセグをみんなで見ていました。

(だんだん緊張してきた)。

若い男性の一人が「時間がだいぶ押してきてます。僕ら最後のほうだから出られないかも。今回は前世が一番イジラレますよ」なんて言ってくる。

(イジラレル……大丈夫か私)

番組も後半になり、ちょっと不安な気持ちと生本番という状況に緊張していたころ、制作スタッフの方が私のところにやってきて、

「時間が短いので、内容を絞りましょう。見たこともない映像が見えてネットで探してスペインに行ってきた、ということだけにしたほうが良いでしょう」

とアドバイスをいただき(なんだそんなことで良いのか)と安心して、

「あの～おもしろいこととか言えませんけど、良いですか?」

なんて確認してしまい「大丈夫です」とさらに安心なお言葉をいただき、もうどうにもなれ、と居直りに近い気持ちになりました。

本番

舞台の裏手に誘導されたのは番組もかなり後のほうでした。やがてADさんから舞台上に案内されます。幾つかのトビラが作ってあって、そのひとつの裏に立たされます。隣りのトビラの裏には誰もいなくて、そのまた向こうに待合コーナーにいた若い女性が立ってます。

順番にトビラが開くとお客さんたちの歓声が聞こえてきました。会場のお客さんにわかるようにトビラの前には各テーマが書いてあったようで、私のトビラの前には「前世の記憶がある人」となっていたようです。扉が開いてそこに人が立っていれば盛り上がり、居なければがっかりしていたようです。そしていよいよ私の番になりました。

私の前は2回ほど扉を開けても誰も居なかったからでしょうか、会場のみんなが「次はいるのか？」と期待が高まっていて、トビラが開いたら私が立っていたので会場は「おぉ～」っていうような感じになりました。

私から見るとトビラの向こう正面にお客さんたちがいて、左隣りにタレントさんがいます。

（あら草彅君だ……あっタモリさん！）

なんて感激している間もなく、進行役の設楽さんの声が聞こえました。

設楽さん「これはいるいる。来てるでしょうか？　おーっいた！。どうぞ、真ん中のほうに。

ようこそいらっしゃいました」

タモリさん「すごいね」

設楽さん「お名前は？」

私「荒居砂羅と申します」

設楽さん「荒居さん。えーっ前世の記憶が？」

タモリさん「なんで、そんな……いつごろわかったの？」

私「5〜6年前くらいからです。」

関根さん「きっかけはあったの？」

私「えーっと、最初はまったく見たことがない所の映像が視えて、だんだんそれが場所がわかってきて、インターネットで調べたりとかして、気になるじゃないですか見たことない映像なんて」

みんながうなづく。

私「それで場所がわかって」

設楽さん「えっ、前世は何だったんですか？」

私「スペインの女性だったんです」

設楽さん「スペインの女性？」
タモリさん「えーっ」
関根さん「どのくらい前の？」
私「えーっと１６００年くらいだったと思います」
タモリさん「ずいぶん前だ」
関根さん「へぇー」
ひとりさん「何で１６００年ってわかるんですか？」
私「あのー、いろいろ情報をとって」
ひとりさん「いろいろ？」
私「すみません」
設楽さん「こういう人物、場所に何かあったりとか」
私「実際、行ってきたんです」
設楽さん「スペインに？」
私「その場所に行って、そこがホテルになってるんですけれど泊まってきて。見た映像と同じだったんで……」
みんな「へぇー」
優樹菜さん「映像って寝てる時に見るんですか？」

私　「あっ、違います。夢じゃないんです。普通に映像が浮かぶんです」
みんな　「へえー」
ひとりさん　「スペイン語もしゃべれるんですか?」
私　「(笑) しゃべれないです」
タモリさん　「前世のスペインの女性は、姿形は見えないの?」
私　「えーっとあの、見えます」
タモリさん　「見えるの?」
私　「どんな名前だったとか、どんな人生を送ったとかいうのは、今はもう全部思い出しました」
みんな　「へえー」
設楽さん　「ちなみにお名前は何ていうんですか?」
私　「えーっとごめんなさい。ちょっとメモを今日持ってきてなくて」
ひとりさん　「何で持ってこないんですか (笑) こんな大事な時に」
私　「そうですよね、実はこの企画知らなくて。昨日夜、友だちからメールで言われて」
設楽さん　「なるほどね」
私　「近いんでダメモトで来てみたらこうなっちゃったので」
設楽さん　「ということで前世の記憶がある方に来ていただきました。ありがとうございました」

関根さん「ありがとうございました」
ひとりさん「もうちょっとお話しましょうよ」
タモリさん「もうちょっとお話……」
？「まだまだ……」

終了のベルが鳴る。

設楽さん「うそでしょ。時間の関係で、やっぱ生放送なので。そして引き続きみなさん募集しております。なので来週金曜日9時までに来ていただくと前世の方もう一回来てもらえれば、話の続きができる」
タモリさん「これちょっとメモを持ってきていただいて」

こんな、流れでした。

実はメモは持っていかなかったのですけど、写真アルバムは持っていっていたのです。オーディションの時にもそう言ったのですが、なにしろ短い時間なので本番では使わないということになり、手ぶらで出ました。

私の出番は終わったのですが、タレントさんたちが興味があるみたいで、あとでまた出演していただくかもしれない、ということになり裏手でスタンバイしていたのです。番組では披露できなかったアルバムも今度は用意していたのですが、残念なことに番組はそのまま終了してしまいました。

あっと言う間でしたが、私には本番中のタレントさんの表情がとても意外でした。本当に興味があったようです。というのも、今までの経験ではほとんどの人が、この手の話はスルーしてしまっていたからです。無関心で意識にもとめず、聞こえてないみたいな反応が普通でした。私としては、こんなに興味深い体験をどうして聞こうとしないのかしら……と、いつも不思議でした。私が嘘をついていないとわかっていても、やはり無関心。無理に話しを続けると、最後は嫌な顔をされてしまうこともありました。

ですので、自然とそういう話ができる人に限って話すようになっていました。だから、「笑っていいとも」に出演されているタレントさんたちに、冷やかしもされず私の話を興味深く耳を傾けていただけるなんて驚きでした。

番組を盛り上げるためのタレントさんならではのオーバーリアクションなんでしょうか？　私にはそんなふうには思えませんでした。とっても自然でマジメな会話だったように思いました。

その日はそれで終わり、自宅に戻り、私もやり残した仕事に追われてその日が終わりました。

後日談

翌日の土曜日、番組の制作スタッフから電話がありました。なんでもタレントさんたちがとても興味を持っているので、取材したいとのことでした。

それで翌日の日曜日に家に来ていただくことになって、そこではスペインの前世以外の別の前世の話から亡くなった人にアクセスする体験までも話が広がっていきました。スタジオに持っていけなかったスケッチや資料なども用意して披露したので、結局、取材は3時間程かかりました。

そもそも、「なぜそれが前世の記憶なのか」ということを納得してもらうには、3時間ではとても足りないのですが、次の予定もあったようで話は全部終わらなかったのですが、切り上げて終了しました。取材の方は個人的にも興味を持って下さったようでしたが、なにかの事情でしょうか次の出演には至りませんでした。ちょっと残念な気持ちもありましたが、これはこれで良かったようにも思いました。

そんな流れで「いいとも」への次回出演は流れてしまい、「この件は、これでひと段落」と思っていた時に、心に閃くものがありました。

「前世体験に興味を持ってくれる人がいるのだったら、『いいとも』で語ることができなかった内容を本という形にして、多くの人に読んでもらい、シェアするのもいいかもしれない」

と、そこで以前にご縁のあった出版社にメールをしてみることにしました。

するとお時間をとって下さり、詳しい話をするために出版社に伺い、担当者に諸々と趣旨説明をし、「では企画書と前書きと目次を書いてください」ということになり、今日に至りました。つまり、みなさんが手にとって読んでいただいているこの本になりました。

もともと何かの形でこの体験をお伝えできればと思っていましたので、なんだか流れに乗った感じがしました。

＊　＊

さてこれからその体験を書かせていただきます。でも、本を書くことに不慣れなことももちろんですが「前世体験」は文章にしにくいことを最初にお伝えしなくてはいけません。

それに、もともと霊的に特別な能力があるわけではなかった私が「どうやって前世を思い出したか」という体験もつづります。で、小説のように自由にストーリーを展開するわけにもいきません。

そういった諸々のことがあり、ともすると、全体の流れがわかりにくかったり、一見不要に思える部分もあるかもしれません。また体験がたどたどしかったり、読んでいて不快に思えるところがあるかと思います。

とくにスペインの前世を思い出した体験はヴィジョンが見えたり、イメージが湧いたり、そんな感覚がしたり、偶然の一致という、ともすると曖昧な事象の積み重ねが元になっています。しかも完結した映画のように、一度の体験で全貌がわかったわけではありませんでしたので、それぞれの体験を時系列に沿って書こうと思います。

たとえて言うと、映画の『スターウォーズ・シリーズ』のように、各エピソードがバラバラに上映され、すべてのエピソードが揃って、はじめて全体のストーリーがわかるような感じです。

また、本著の中に挿入されたスケッチですが、記録用のノートに、その場で、変性意識の状態で描いたものを原画として、見やすいようにトレースしました。

特に出会ったソウルメイトの方に対する印象は私の遠い記憶が影響したもので、実際のご本人の人となりとは違います。このことは私の遠い記憶が、現在、強く影響していると実感した体験なのであえて書かせていただきました。

後になって思い返すと、実は一見効率の悪い、一度に全貌が見えたのではないということの体験の中に、とても大切で重要なことが、幾つも折り重なっていたように思います。

またこの流れが、短い時間の中で、実はとてもスピードを持って導かれていたのだと気が付いたのです。冒頭でシンクロだの数字に意味があるのだと、ちょっと変わったことを書きましたが、数年前まではそんな言葉にも無縁でしたし、前世にもそれほど興味はありませんでした。ですから、そういった知識もありませんでした。

そういう意味では、今回こうして本を出すことになったそれ自体も、私の体験に組み込まれて、最終的な物語のエピソードの一つになるのだと思います。この本を読んでくださっている読者にとっても、読者であるあなたの物語の、エピソードの一つになっていると思います。

＊　＊

さて、ここまで読まれてごくありふれた日常に（ＴＶ出演は別として）繊細なメッセージが織り込まれていることに気が付かれましたでしょうか。

冒頭の美保ちゃんからメールを受け取った時間に表現された数字の意味についてですが、私はここ数年の間に五感を超えた感覚を認識できるようになりましたが、それはいわゆるガイドメッセージと言われる何かの大切なメッセージが送られてくるときに、言葉はもちろんですが、微細な感覚やイメージに加えて数字の持つ共通した意味が凝縮されている事に気が付いたのです。

ここで言う数字の意味とは、数秘術やネットなどに解説がある意味ということではなくて、自分の中にある感覚です。

たとえば自分の名前にまつわる数字や、なにか特別な時に目にする数字で、偶然手にした受験番号や手に入れた何かのチケットの番号、良いことがあった日の日付や目の前の車のナンバーなどです。そんなふうに身の回りにあふれている数字に敏感になってみると、自分にとって共通の意味をもつ数字が見えてきます。

始めは数字ひとつひとつに神経質になる必要はありません、ただなんとなく以前もこんな時は同じ数字だったたっけ……くらいでいいのです。少しそんなことに意識を向けるだけです。自分にとっての数字の意味が、そうしたデーターの蓄積から見えてきます。

たとえば私はこの日何気なく受け取ったメールの13：13という時間に、私のデーターを当てはめると「これから新しいステージが始まる、協力者がいる、そして前に進みなさい」というメッセージを認識したのです。数字だけでなく、同じ数字が並ぶこともその意味は大きいのです。

この日私はメールの内容やその意味より、この数字のメッセージに強く押されて行動したわけです。ですから番組の内容をあまり理解していませんでしたが、忙しい中でも出かけて行ったのです。もちろんだからといって周りに迷惑をかけないように気配りするのは当然で、この場合でも無鉄砲に行動するわけではありません。しかし読んでいただいておわかりと思いますが、こういった場合たいていスムースにことが運びます。

こんなふうに、上からのメッセージを数字に置き換えて受け取るのはとても有効ですので、ぜひご自分のデーターを作ってみてください。もちろんこういったメッセージを受け取るには、自分がどうなりたいのかという強い意志や目的意識、さらにそのための行動がともなうのも大切です。

何度かそういったデーターを採っていると、上はメッセージを送ってきてくれます。つまり、ガイドとあなたの会話ができてくる……というわけです。ちょうどあなたが何もしゃべれない赤ちゃんで、ガイド（つまり上の存在）がお母さんだとして、簡単なお話しをしながらことばを覚える、そんな感じです。ここでいうガイドとは、あなたが生きてゆくのにいつも寄り添い見守り、そしてサポートしてくれる高次意識体のことです。

数字はとてもシンプルで奥が深い言語だと思います。数字に後押しされたＴＶ番組出演は、以前から考えていた私の前世旅行を本で紹介する――といった展開につながっていったのです。

つまり「前へすすみなさい、協力者がいる」という、数字に置き換えられたメッセージで、前世旅行の体験を多くの方に知っていただくために本にしたいという思いを実現するために、出版に関しては何の知識も手だてもなく、空回りばかりで半ばあきらめていたときに、とてもタイミング良く導かれた、ということでした。

◆2章　回想

思い返せば2005年

　では番組で詳しくお話できなかった私の前世旅行についてご紹介します。

「笑っていいとも」の番組内で話題にした「まったく見たこともない所の映像を見た」という体験から始めます。

　この体験は2006年の中ごろのことですが、その伏線というようなものはこの1年半前ころからありました。2005年です。

　そのころ、私自身大きな問題をいくつか抱えていました。

　どうしてこんなことになってしまうのかしらと、ずいぶん悩んでもいましたし辛い体験をしていました。今思うと、体も心もぼろぼろでした。正直「もう行き詰った」と思い、生きているのがとても疲れたな、と感じていたころです。

正直「死んでしまおうかしら」などといった思いが、頭をよぎったりしました。

絶望の中で、生きていることがもう面倒に感じたのです。

そんな時ふっと思ったのです。

「どうせだったら、やりたいようにやってみようかしら」って。最後のあがきで、もう誰に迷惑かけるわけでもないし、ああしちゃいけない、こうしちゃいけないなんて思わないで、自分の思った通りに、他人をあてにしないで、目の前のことを自分だけでやってみようと、思ったのです。

具体的なことは、いろいろ事情があって書くことはできないのですが、誰もが、もしかしたら経験するようなことかもしれません。

それで、「どうにでもなれっ」という感じで、自分の思った通りに行動してみたのです。そうしたらほんの少しですが、硬直した事態が動き始めたのです。

まず、どのように行動したら良いかを計画するために、目の前の問題を整理して分析してみることにしました。

とりあえず、問題を紙に書いてみました。感情的なことはとりあえず脇に置いて、できるだけ客観的に、冷静に問題点をピックアップしました。

今、目の前のこれとこれが困っている。じゃどうしたら良いのだろう。

そのために、どういう方法があるのか模索してみる――まぁ、当たり前といえば当たり前のことを、コツコツやっていきました。

そうすると小さな問題が少し解決しました。

いくつかの小さな問題が解決したら、次はその先の少し大きい問題について、「じゃあ、どうしたら解決できる方法があるのか」と手がかりを見つけて、淡々と実行しました。

最初は、先が見えない作業でしたが、問題が少しずつ解決していくとだんだん事態が動き出したのです、それも加速度的にです。ちょうど複雑に絡まった毛糸がだんだんほどけていく感じです。もちろん実際はとても大変でした。肉体的にも限界ぎりぎりでしたが、なんとかなりました。

そして、ふと気がつくといろいろな方が助けてくれるようになったのです。はじめは一人二人でしたがやがて、大勢の人に助けていただくようになったのです。

そして、ようやく先が見えだして、少し心に余裕が生まれた時に始めたのがインターネットでした。今では「死語」になってしまいましたがネットサーフィンをしていて、たまたまある方のブログに紹介されていた本が気になり、購入して読みました。読んでみて私は本の中身よりもその本に紹介されていたいくつかの参考文献の書籍に興味が湧いたのです。

その本は近所の本屋さんにはあまり置いていないような書籍でした。世の中にはこんな本もあるのかと、ちょっと驚きました。

とくに精神科医E・キューブラー・ロスの一連の本の中で、ロス自身の自伝『人生は廻る輪のように』（角川書店）はとても興味深く、その中で彼女自身が死期を知っていたという箇所がとても気になりました。

やがて本やネットからつながって、「モンロー研究所」にたどりついたのですが、その時はこの研究所が死後世界の探索や物質世界を超えた研究をしているということより、美しい山の中腹の自然に囲まれた所にある研究所の風景に、とても心が惹かれたのです。いつか、行ってみたいなぁと強く思ったのです。たぶん、すごく疲れていたせいかもしれません、こんなところでゆっくりしてみたいなぁと……。ただそんなふうに思ったのです。

実は、先のキューブラー・ロスもこのモンロー研究所を訪れていて本のなかにそれが書かれていたのですが、なぜかこの時は印象に残らなかったのです。

ここを訪れるために、ここで開催されているセミナーに参加しようと思いましたが、セミナーは英語です。私、英語がほとんど話せません。いろいろ調べると、かなりの語学力が必要みたいです。

まあ、いつになるかわからないけど、いつか夢がかなったらいいなと思い、とりあえず英会話スクールに通うことにしました。

もちろん、そんなことですぐ英会話がマスターできるなんて思っていませんでしたけれど、疲れきった生活に少し時間のゆとりができて、週に一回くらい英会話スクールに通い、いつか行けるかもしれないアメリカ・バージニアへの旅を夢見て英会話のレッスンをするのは、生活の中の気分転換だったのです。

たまに仕事で海外に行くこともありますし、英会話力は無いよりあったほうが良いので、趣味と実益を兼ねて通っていましたが、ほとんど実力もつかないうちにその英会話学校は閉校してしまいました。

それから一年くらい経ち、先の見え出した生活も、好転する兆しもありませんでしたが、以前よりはずいぶん楽になってきたころです、なんとモンロー研究所の日本代理店ができて、日本人向けセミナーを開催していることを知ったのです。

（へぇーっ、英会話学校に行かなくていいんだわ）と思いました。しかも自宅学習用のＣＤも販売しているみたいです。

そのＣＤを買おうか迷ったのですが、買ってみて役に立たなかったらもったいないと思いまして、とりあえず「一日体験」セミナーに行ってみることにしました。

＊　＊

さてここでも、この流れを別の角度から見ていただければと思います。

ひとつには、ここでご紹介させていただいた体験はごくごくありふれたものです。どこにでもあるような日常でした。なにか特別なことをしたわけではありません。

ただ、ひとつ大切なのは、目の前にあったとても大変な問題をどうしたらよいのか、逃げずに向かい合ったことかもしれません。

とても解決できないと思ったものでも、小さなものからやってみることが大切で、それが次につながったのです。そして、そんな小さな体験を積み重ねていくうちに、次につながる道が用意されていたのです。

追い詰められて、死ぬことさえ考えた目の前の問題から、インターネットを通して死後世界に意識が向き、文献からつながった死後世界探索のための方法やそれを現実化するための現象……。英語という言葉の壁さえ楽々乗り越えられる流れや、タイミングがとても効率よく用意されたのです。

つまり現実問題を自分で何とかしようと意図し行動したおかげで、自分が背負っていた問題の持つ隠された深い意味や目的が浮かび上がってきたのです。それはゲームの第二ステージに移行したような展開です。

もうひとつは、目の前の問題や出来事についていえば、それは自分の意識の中の現れだということに気がついたのです。目の前の起こっている問題を客観的に、別の自分が体験しているかのように少し離れて眺めてみると、その問題にとても強いエネルギーを送り込んでいる自分が見えてきました。

たとえば、知人からイジワルなことを言われたとします、そしてあなたがいつまでもその言葉が頭からはなれないとします。それはイジワルを言われたという現実を意識の中でクローズアップしてそこに強いエネルギーを送っているわけです。でも別の他人があなたの立場だったら同じように思ったでしょうか？　すぐに忘れてしまう人もいるでしょうし、まったく気にしない人もいると思います。

この違いはなんでしょう？

性格の違いということで片づけてしまう前に、ここで大切なのはあなたがそのイジワルを言われたことに強く反応したという事実です。そんな時、どうしてそんなに強く反応するのか、客観的に考えてみることをおすすめします。

それはあなたが何度も生まれ変わる中で作り上げられた、意識の形かもしれないからです。私の体験でいえば、目の前の問題がそれでした。そして私はその問題を強く意識して悩んだのです。でもなんとか解決しようと行動したことで、その問題は解決の方向に進みだしたのです。これは後で分かる私自身の前世からの強い影響を手放す行動でもあったわけです。そしてさらに、そういった体験をすることで、意識の深いところにあった記憶データーを書き換える方法もわかってきたのです。つまり、転生する中で自分で作り上げた信念を潜在意識の中から持ち出して、自分に有効な形に作り換えることができるわけです。

このとき大切なポイントは、自分の感情の部分を大切にしていただきたいということです。感情に流されたり振り回されるのではなく、むしろそれを有効に活用するということです。たとえば私の場合はそれは、死後世界の探索を体験できるとされるモンロー研究所に行った経緯です。文中にあるようにそこで行なわれるセミナーの内容よりも、「その風景に惹かれた」ということです。もちろんセミナーの内容に惹かれたということがだめだというのでなくて、頭で考えることを先行させないことが大切、ということです。

風景でもセミナーの内容でも「惹かれた」感覚を大切にしていただけたらと思います。そしてなぜ惹かれたのかは、いずれわかってきます。こんなふうに自分の感情を大切に意識すれば、頭で考えた一時的な興味と本当に惹かれているのが何なのか、はっきりしてきます。つまりその感情が自分にとってどれだけの大きさや影響があることか、振り分けができるからです。

ヴィジョンというもの

今思うと、私にとってここからすでに次のステージに移行し始めたと思います。

つまり、現実の問題のその奥にある意味に意識を向けたことにより、流れが変化したわけです。けれどそれは、読んでいただいてお分かりと思いますが、私のなかで意図して方向転換をしたのではなく自然な流れのような感じでした。どちらにしても、物質世界を超えた世界を体験することになった最初のきっかけでした。

この体験から、私は前世旅行に出かける大きな転機を迎えていきます。

ではその前に、旅行へとつながった体験から書き進めることにしましょう。

＊　＊

２００６年9月、東京・品川のマンションの一室で開催されたヘミシンクの一日体験のワークショップに参加しました。

地図を頼りに開催されるマンションの一室に行くと、もう何人かが集まっていました。参加者は男女合わせて10人くらいだったと思います。今は都内に立派なセッションルームがありますが、このころは、男女に別れて部屋に並んで横になり、ヘッドフォンをつけてヘミシンクを体験しました。

トレーナーは主催の坂本さんと女性でした。坂本さんを見て（あれ？　本に写真が載っていたけど本人かしら？）なんて思っていたら、自己紹介でご本人だとわかりました。アシスタントさんらしき人もいません。

（著者自身がご自分でするのかしら？）とちょっと驚きましたが、坂本さんと共同経営者である女性とお二人の指導でワークは始まりました。

ヘミシンクとはどんなもので、どんな歴史がありどういった体験ができる……といった説明がありました。要約すると、アメリカのロバート・モンローによって研究開発された、音響効果でいろいろな変性意識状態を体験する方法です――ということです。

私としては、まず宗教といっさい関係ないことが受け入れやすい点でした。そして修行のような苦しいエクササイズではない、というのも気に入りました。私は無宗教というより宗教が苦手なのです。宗教と言われると、胃のあたりがグーっと圧迫されるほどイヤだったのです。

ヘミシンクそのものについては、本を読んである程度は知っていましたが、ヘミシンクのCDは聴いたことがありませんから、この日がヘミシンク初体験でした。

まず説明があり、横になってヘッドフォンをつけ、聞こえてくるガイダンスの通りにしたら良いということでしたから簡単です。ただ何が聞こえてくるのか不安でしたし、体に変な影響はないのかしら？ とか、もしかしたら、巧妙に宗教が絡んでいて、最後にツボでも売りつけられるのかしら？ なんて不安も少しありました。

で、いよいよ本番。

坂本さんはごく普通に説明を始めました。

特に怪しくもなく饒舌でもなく、少しギャグ的な話も交えながら、どちらかといえばごく普通の印象の方でした。説明されるままに横になり、ヘッドフォンを耳にあてます。目にはアイマスクをして、さらにその上にタオルも掛けて、体は寒くないように毛布をかけます。そのまま待機していると、やがてヘッドフォンからガイダンスが流れます。ガイダンスに従い、ただその通りに、頭のなかでイメージするだけです。

CDによるエクササイズは一回30分程度で、終了するとヘッドフォンを外してエクササイズでの体験をみんなで話します。

一日体験セミナーですからCDを聴くのは午前2回、お昼を食べたあとの午後は3回くらいだったでしょうか。変性意識状態になると自分の血液の流れる音が聞こえたとか、身体が床にのめりこむように感じたとか、普通では考えられない体験をするのだそうですが、この日も何人かの人がそんな感覚を実感したと語っていました。

私は今までの身辺に起こったトラブルが、ちょっと小休止的になった時でしたから少しナーバスになっていました。ゆっくり横になり、ガイダンスが聞こえてきたとき、今までの辛いことが思い返されて、なんだか涙がつたってしまいました。

午前の2回ほどのセッションでは血液の流れる音は聞こえませんでしたが、確かに普段とは違う感覚はありました。たとえば次のようなことです。

・遠くにいた人のコロンの香りが、すぐ近くで匂った。
・身体が床にのめりこむような感じがした。
・CDの音が聞こえると左の薬指がジーンと痺れる感じがした。

でも、そんなに大したこともないように思えました。「気のせいかもしれない」程度です。

午前中が終わって昼食の時でしたか、参加者の女性が、今日このワークに参加するとご主人に言ったら「変なツボを買わされるんじゃないか」と心配されたと言って皆が笑っていましたが、私も同じように心配していましたので、笑えませんでした。もちろんツボの販売はありませんでしたけど。

午後になり、だいぶCDにも慣れてくると、目にはアイマスクをして、さらにその上にタオルをかけていますから真っ暗でなにも見えないはずの視覚に、しっかり映像が見えるようになりました。

（あれ～映像が見える～！）

それはとってもおもしろい体験でした。

見えている映像は自分で想像したわけではありません。目の前にスクリーンがあって、勝手に映る感じです。意図したものではありません。見える映像はパッパッっと瞬時に変わるので、その意味や流れ、ストーリー的なものはわかりません。ただ映像が見えるのです。もちろんガイダンスにその映像の具体的な誘導はありませんし、考えて見えるものではなかったのです。

ヘミシンクの説明は公式サイト等でご覧いただくとして、ここで少し補足すると、ヘミシンクをすると誰でもこんなふうにヴィジョンが見えるということではありません。たまたま「私はヴィジョンが見えた体験をした」ということです。人によって体験はいろいろです。もちろん、見えたから優れてるとか、見えないと何か問題があるということではありません。

実際、私は始めのころは見ることに集中してしまい、その後だいぶ経ってからですが理解できない映像を見せられて、見ることを手放すようにさせられたりしたのですから、ヴィジョンが見えるということにあまりこだわらないほうが良いかもしれません。

でもこの時は、自分の考えもしないものが映像で見えたのですから、私にはすごい体験でした。

もし何かの理由で、目がみえなくなったらそれは暗闇の世界だと思っていた私は、視覚と違う感覚で、こんなにはっきり映像が見えることに感動したのです。

そうですね、たとえればそれは寝ている時の夢のような感じです。もちろん　この時は眠っていませんけど。

そのことだけでもとても興味深く、次になにが見えるのか……とアイマスクで光が遮断された暗闇の中で、瞼は閉じて意識で目を凝らしたりしました。

いろいろなものが見えましたが、残念ながらその日のメモがもう手元にありませんので全部はご紹介できませんが、強い印象の映像はＰＣの記憶データーのように、今でも取り出して見ることができます。

記憶は時間とともに自分なりに変えてしまうことがあると思います。たとえば昔の恋愛の記憶などは、自分の都合の良いように事実を美化してしまったりとか。でも、この日体験したのは、ただの映像で、いきなり見せられた写真みたいなものです。

そのうちの印象深かったひとつが「男性の横顔」です。そしてもうひとつが「断崖の上に建つ白い建物の風景」でした。次ページのイラストがそれです。（この時のメモはありませんので思い出して描いてみました）この映像は実はもっとリアルで詳細な情報でしたが、この時はこんな単に視覚的な、荒い画質の写真イメージにしか認識できなかったのです。

たとえば、見えた映像をスクロールしたりズームにしたりそんなテクニックでこの映像をリア

男性の横顔

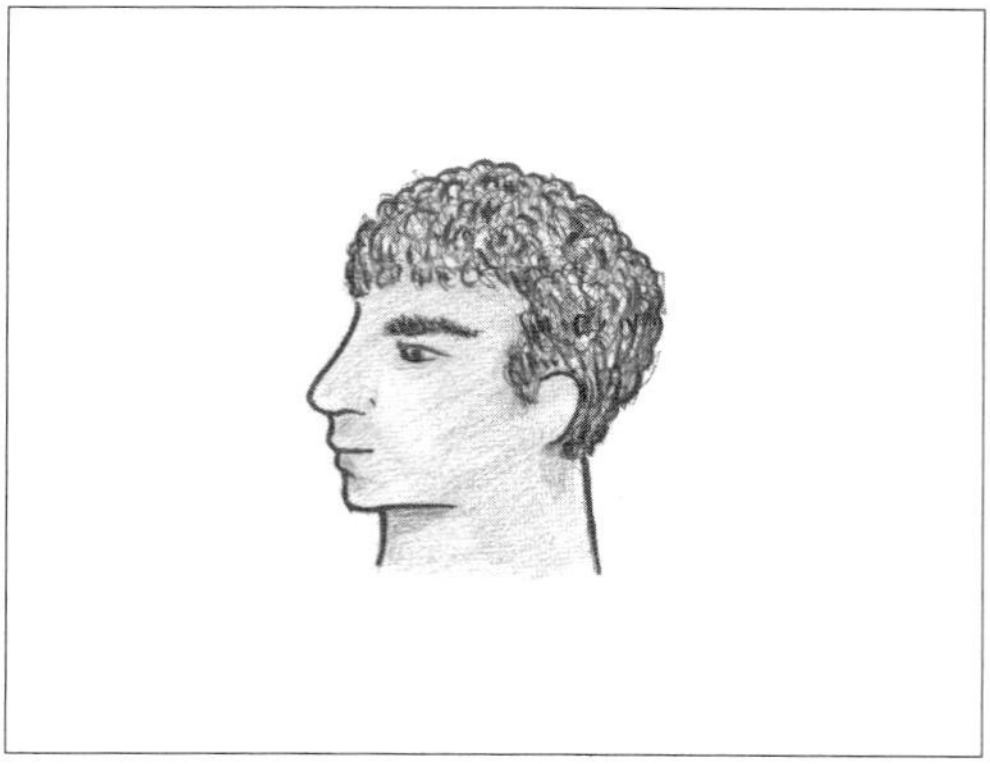

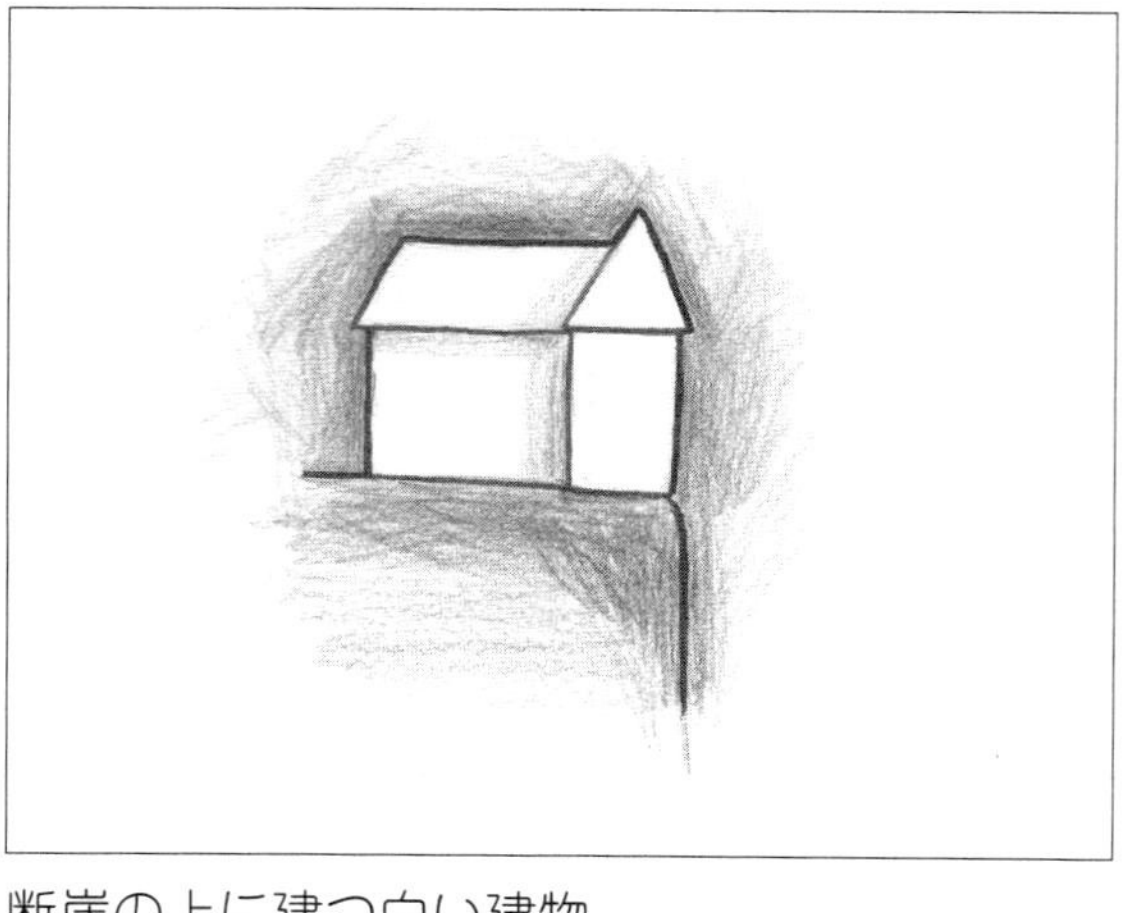

断崖の上に建つ白い建物

ルに読み取る方法を知ったのはもっと後でした。でもこの時は見えることを意識しすぎて、その時の空気感や感情的な微細な情報（感覚）は認識できませんでした。

こんなふうに、私の最初の受け取った情報はとても信念まみれで、物質世界にとらわれていたかがよくわかります。つまり自分がパソコンだとすると、いきなり光の高速回線でインターネットがつながったようなことです。あまりにも多くの情報量をどうやって受け取るかも分からず、視覚に絞り込んだ映像の一部を荒い画素数でヴィジアル化したという感じです。

結局この日はこんな体験で終わりました。

そうです、この時はこんな印象でしたが、今思い返すと面白いことに気が付きました。私はこの時かかえていた目の前の問題に対し「困った」とか「どうしたらいいのか？」という思いでなく「なんでこんなことになるのか？」と思っていたのですね。先を読み進めていただくとわかりますが、実はここで見えたヴィジョンはその「なんで？」に対するとてもシンプルな答え（情報）だったのです。

現在私はご希望の方に、その方に関する情報を採ることをしていますが、その際、知りたい情報をできるだけ明確に具体的にするよう心がけています（ネット検索で必要な情報源にたどり着く要領と同じ）。でも、最初の体験だったこの時点では、まったくそのことを認識していませんでした。

つまり、この時私は「なんでこんな目にあうのかしら？」ということをネットで検索するように検索していたのです。そしてこれは、これから体験する前世旅行の中にその検索の答えがあり、さらにそこへ旅する流れができて、それを体験して目の前の問題が本当はなんのために起きていたかをきちんと受け取るための大切な情報だったのです。

さてその日、セミナーは終了し、帰りがけに参加者の2～3人の方と少しお話をしようと、誘い合って喫茶店に入りました。お茶を飲みながら、楽しかったしもっと体験をしてみたい、などと話しているうちに「皆でアメリカのモンロー研究所に行きましょう」と盛り上がりました。

私は帰宅してから躊躇していた自宅学習用のＣＤを注文することにしました。

＊　＊

少し余談になるかもしれませんが、ヘミシンクでヴィジョンが見えないという方がいます。ではなぜ私は最初のセミナーからヴィジョンが見えたのでしょうか？　これは私なりの解釈ですが、本業であるデザイナーという仕事が影響していると思います。

何十年も仕事で、毎日頭に浮かんだイメージを図に描いています。しかも単に浮かんだものを描くのでなく、それを現実に作り上げるために設計したり工程を考えたりしていたのが大いに影響していると思います。「想像」→「創造」→「物質化」を生業とはいえ繰り返しやっていたわけです。ですので、日常でそんなトレーニングをされることは霊的能力開発におすすめだと思います。

たとえば冷蔵庫のなかの残り物で、なにかお料理をするときに、「カレー」とか「野菜炒め」とかの料理に限定するのでなく、なにか新しいメニューを考えてみる、というのもいいかもしれません。大根とジャガイモと牛蒡《ごぼう》でなにができますか？　いままで聞いたこともない料理を考えてみてください。その時今までの味覚や、素材の持ち味、既成の料理をヒントになにか閃いたら、それは光の回線を使うトレーニングをしていることになるからです。

料理に限らず、花を活けたり洗濯や掃除の手順でも応用できます。教えられたとおりに花を活けるのでなく、一から想像してみるわけです。もちろん文中にもありますようにヴィジョン（を見る）にこだわりすぎる必要はありません。聞こえたり感じたりも同じように情報であることには違いありませんが、ヴィジョンそのものは、この思いついたひらめきが頭の中に描かれた状態に近いものだからです。こんなふうに、日常でひらめいたことを現実に創造し物質化するトレーニングをするわけですね。

妙な附合

その後、この体験と前世旅行が絞り込まれる流れになっていきます。

そのころ私は仕事柄、出張がとても多い生活をしていました。出張先にもＣＤプレイヤーと自宅用へミシンクＣＤを持ち歩き、「一日体験」で見た鮮明な映像を見たくて、主に寝る前に聞いたのですが、たいてい眠ってしまってヴィジョンは「一日体験」以来ほとんど見なかったのです。「一日体験」で見た映像は、なんだったのかしら……やはり、自分の無意識な想像だったのか。または、脳のどこかが刺激されて、自分では想像していないと思っていても、何かの作用で本当は記憶の一部か何かだったのかしらと思うようになり、また日常の忙しさに振り回されていました。

そんな感じで時が過ぎて、２００６年の年末のことでした。

疲れが出たのか体調を崩して寝込んでしまい、自分のベッドに横になってうとうとしていたのです（ぐっすり寝こんでいたのではありません）。

ふっと気が付くと、寝室の天井の照明の四角いカバーの角が、目の前にあったのです。

えぇ～っと驚いたら、ス～っとベッドの上の自分に意識が戻って、その天井の照明が普通に見える状態になりました。もしかして、幽体離脱をしたのかしら……と思い、なんとかもう一度体感したくて体の力を抜いたのです。

すると、今度は同じ照明カバーのさっきと反対側が目の前にありました。

……そして、意識がなくなり眠ってしまったようです。

それからしばらくして、新年を迎えたある日、またベットの中でウトウトしていた時です。（しっかり眠っているのと違い、なんとなくぼーっとした状態です）

突然、意識の深いところから、記憶が現れたのです。

いきなり、自分が30歳くらいの女性で、たった今夫が自分を捨てて、出て行ってしまった状態を体感したのです。

時代はよくわかりませんが、日本だと思います。

私は板張りの床の上に、倒れこんだ状態です。

夫は、別の女性のもとに行ってしまいました……。

格式のある古い家に、私は一人取り残されて、泣き声も上げられず、絶望と孤独の中にいます。

そして、その夫の生まれ変わりが、今、私がよく知ってる人だとも、なぜかはっきりわかったのです。

それは、単に映像というだけではありません。その前後のストーリーも含めて、圧縮されていた膨大なデーターが、一瞬で凍解したような感じでした。とくに胸をえぐられるような、強い悲しみの感情が強烈で、まるで今、感じているようでした。

ヘミシンクCDを日常に持ち込むようになって、ヘミシンクを聴いていない時もいくつかの不思議体験をしたのですが、それらは気のせいかしら？　というような、ある意味曖昧な体験でした。体外離脱や前世体験と思われるこの体験もヘミシンクを使っていたわけではなく、普通の生活のなかで起きました。つまり光の回線はつながったままで折に触れ、私の意識に必要な情報を送り続けていたのです。この時の女性の前世の情報は、今の目の前の問題にかかわる人間関係の重要な情報でした。けれどこの時はそれが別々の情報として受け取られてしまい、データとして別々にファイルされたのでした。

　現在、他人の情報を受け取る時はあらゆる情報をファイル分けしながら受け取りますが、それぞれのファイルの情報が全体としてつながってゆくことがわかります。けれどこの時はそんなこともわからないまま、体験だけがすすんでいっていました。

　ただ、こういった体験で、私はその情報が断片でなく、大きな圧縮された情報を凍解しファイル整理する手順を知ったのかもしれません。

　よく、そういった不思議体験をされたとき、特にヘミシンクや瞑想、ヒプノセラピーなどでもそうですが、受け取った情報を記録することは大切です。もちろん後になってそれが全体の一部だと気が付いた時のためもありますが、記録することで受け取った情報を意識の中でファイルする作業にもなるからです。

　事実の記録やスケッチは有効ですし、その時の感覚や印象なども同時に記録してください。書いたり描いたりすることは光の回線を通しての情報をより多く認識できるようになるトレーニングにもなるからです。

　そして、もうひとつ書き添えると、先の体外離脱（幽体離脱）の体験とその後の前世の記憶が蘇った体験ですが、どちらもベッドでうとうとしていたという状態の時に起きたということです。夢でもみていたのじゃないの……？　などとつっこみが入りそうですが、文中にもありますように、寝てはいません。ヘミシンクや体外離脱のトレーニングをされた方はお分かりでしょうが、これは変性意識の状態に近いからなのです。体の刺激がほとんどなく、リラックスした状態は普通意識してもなかなか自分では作れないものです。

でも、この状態が情報を採るのに適しています。なにか情報を採る時ベッドの中でうとうとする直前などに閃きがあったら、面倒でも起きてメモしてください。それは眠りに落ちる寸前の状態を覚えるためです。

日頃、私はクリエイティブな仕事柄「どんな時にデザインを考えるのですか?」と訊かれることが良くありました。いつも、この質問に違和感を持ったものですが、それはデザインは考えるのではなく浮かんでくるからなのです。私の場合、このぐらいの値段でこんな素材でこんなイメージの作品はどうしようか……と思いながらベッドに入り眠りそうになるころ、良いデザインが浮かんできました。

そんな時は、特別に良いデザインだったことが多いので、眠かったけれど近くに置いたメモに描いてから眠ったりしていました。このトレーニングは日常で良いのです。たとえば頼まれごとを断るのにどんな言い訳が良いだろうかとか、喜んでもらうプレゼントは何か……などということからやってみてください。この時頭の中でいろいろ考えることはしないようにするのがコツです。ただ閃いたり、浮かんでくるのを自然に受け取ることを体感するのです。ヘミシンクや体外離脱のトレーニングでなくても、皆さんはこういった意識状態を知らず知らず毎日体験してるのですから。

＊　＊

さて、前世の旅の手掛かりを得る話に戻しましょう。その翌年（2007年）の4月初め、仕事で京都に行った時のことです。

お天気も良く、さくらが満開の素晴らしい景色の中、京都の奥まった庭園でのお仕事でした。ひと段落して、休憩しようと先輩の男性デザイナーさんとお茶をしていました。外は良い天気でカウンターに並んで、咲き誇るさくらを見ながら、なんとなくスペインの話になったのです。

私はもう数年前から、スペインを旅行しないかと、友人の女性から誘われたりしていたのですが、なかなかその気になれずにいました。

でも、行ったことのないスペインって、どんなところかしらって思っていました。

この先輩のデザイナーさんはイギリスに留学していたというジェントルマンで、今では海外留学も珍しいことではなくなりましたが、この方の時代では、特別なことでしたし、イギリスで出会われた奥さまと、ハネムーンはスペインを自動車で旅行したなんて体験は、なかなかありませんでしたからお訊きしたのです。

「今度、友だちとスペインを旅行しようかなって思うのですけど、どこかお勧めのところがあったら教えてください」って。

ジェントルマン先輩が言うにはお勧めは、

「1・ロンダ渓谷
2・アルコス・フロンティーラ（パラドール）
3・ミハス（アンダルシア・マラガ近くの山の中。海が見える素晴らしい村）」

と言いました。そして、初めて聞く単語が覚えきれない私のために、ていねいにメモに書いてくださいました。

「特に2のパラドールは是非、行くと良いですよ」とおっしゃいます。

パラドールって場所の名前かな、なんて思っている私に、ジェントルマン先輩はハネムーンの情景を思い浮かべるように話しをつづけました。

「スペインの綺麗な街並みと、崖の上の白いお城がとてもすばらしい……」

と話されるジェントルマン先輩の表情になんだかつられて、その情景が私にも浮かんできそうでしたが、その時一瞬、「一日体験」で見たヴィジョンの断崖の上の白い建物の情景と重なったように思いました。

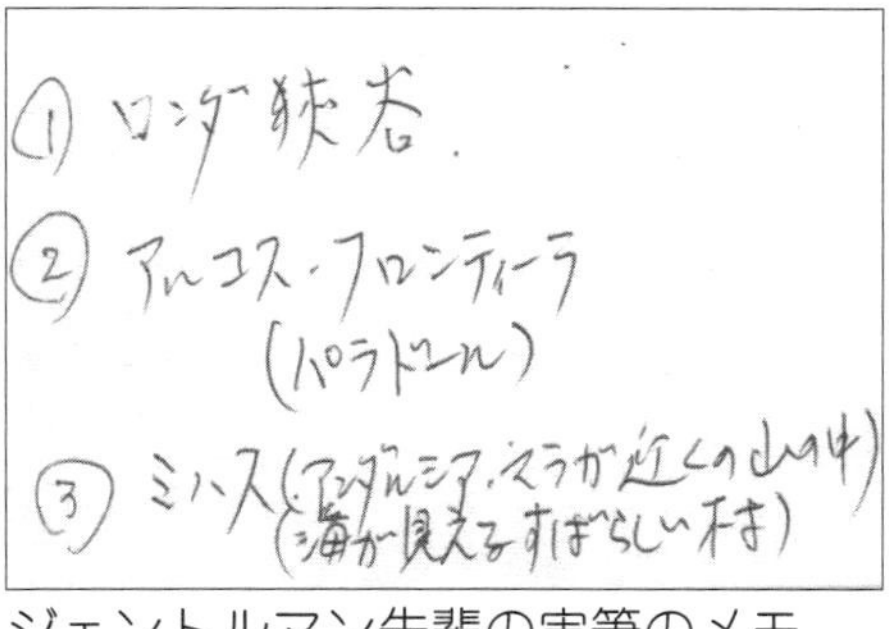

ジェントルマン先輩の実筆のメモ

「えっ！　それってあまり高くない建物で、崖の上にある二階建てぐらいの建物ですか？」

するとジェントルマン先輩は、

「そうそう」

とうなずきます。

「一日体験」のあの白い建物のヴィジョンは、単なる視覚的な写真みたいと言いましたが、お話のその情景とかぶると、なんだか空気感まで記憶していたようにも思いました。

あのヴィジョンかしら……と、お茶を終えた後も気になっていたからでしょうか、仕事が終わり、その日ホテルに戻って部屋でＴＶをつけたら、いきなり『スペイン・ロンダ渓谷の特集番組』が放映されていました。なんだかダメ押しされているみたいでしたので、笑っちゃいました。

さて、ここでまた少し説明をさせていただきます。

私は自分の抱えていた問題からその奥にある情報を古い記憶から取り出すために、前世旅行に行くのですが、それは明確に展開されたわけではありませんでした。

つまり一日体験で見た映像は私自身、記憶の片隅にあったという程度でしたが、その記憶がはっきり浮かび上がってきたのです。

この場合はジェントルマン先輩の言葉です。そしてその日に偶然見たＴＶの番組でした。たとえば、私のようにそんなに深刻なことでなくても前世旅行に行く時のヒントに、このシンクロがあります。

ＴＶ番組や本などでなにか強く興味をもったり、その地方や国の食べ物が妙に好みだったり、そんなことが古い記憶のせいだと考えてみてください。

そして意識しだすと、そんな写真や文字や映像が頻繁に見えたりするようになったら、それはあなたの古い記憶が出すサインかもしれません。

あまり思いこまなくても、折に触れてサインはやってくるのに気が付くと思います。

むしろ、はじめは自分の考えすぎくらいに疑うくらいでもいいのです。大切なのは「そうかもしれない……」と意識することです。そして、「今の自分に影響している重要な前世に旅したい」と宣誓してみてください。それで流れはできるのですから。

さらなる誘い

そんなことの、少し後です。

都内のお仕事で、久しぶりにお会いした、少し年上の女性がなんだか元気がありません。聞くと最愛のご主人を、最近病気で亡くされて、とても悲しいとおっしゃいます。

余計なことだったかもしれませんが、亡くなったご主人と、また会って話したりできるかもしれないと、ヘミシンクのお話をさせていただくと、とても興味をもたれて、家に帰っていろいろ調べられて、早速セミナーに参加するようにされたようです。

翌月5月に開催されるそのセミナーは「ガイドとの邂逅」というタイトルで、アメリカ・バージニアのモンロー研究所で行なわれる本格的セミナーの短縮版です。日本で開催される三泊四日の宿泊型体験セミナーです。

「良かったら、ご一緒に行きませんか」と声をかけてくださいました。5月のそのころは、幸い仕事も少しゆとりがあって、それでいろいろ辛かったことへの自分への休暇にしようかと思い、私も参加することにしました。熱海の高級旅館を使って開催されるのも魅力でした。ゆっくり温泉に入れますし、お食事も美味しそうです。日常や仕事を離れ、精神世界に興味がある方たちといろいろお話ができたら、それだけで良いなって思ったのです。

自宅でもヘミシンクCDを聴いたりしていましたが、あれ以来大した体験もなかったので、アメリカのモンロー研究所に行くことも、だんだん忘れかけてきていたのです。

このセミナーで大した成果もなかったら、やはりアメリカ行は止めようと思っていました。後で考えると何気ないこのきっかけは、その後大きく変わる変化の流れに乗り出した、とても大切な体験をすることになったスタートでしたが、このときはそんなことは考えてもいませんでした。

◆3章　ソウルメイトとの出会い

ソウルメイトと聞くと、一般的にはなにか恋人との出会いのようなロマンティックなイメージを持つ方が多いと思います。私もこの体験をするまでは、そんなイメージがありましたが、私が再会したソウルメイトは、恋愛に関してのつながりではなく、むしろもっと現実的な場面での関係で、若いときに夢見たロマンスとは程遠い、シリアスな問題を挟んだつながりでした。

そしてその出会いは、ここに至る現在の自分の抱える問題と、深いつながりがあったのです。

かすかな記憶

五月の半ば、「ガイドとの邂逅」セミナーに参加するため、私は集合場所の熱海にいました。

セミナー会場のホテル旅館までは、駅前から参加者のための送迎バスが用意されています。急きょご一緒させていただくことになった、仕事つながりの女性とともにゆっくりランチをしてバス乗り場に行くと、もうバスには、参加者が乗り込んでいました。

ちょっと遅刻気味だったこともあって、急いでバスに乗り込みドアのすぐ近くに座りましたが、後からあわてて乗り込んできた人がいましたから、その席を譲って私は奥に移動しました。バスの後部にちょうど一人空いていた席があったので、そこへ腰かけてひと段落しますと、お隣りには若い女性が座っています。

静かに座っている様子から、一人での参加のようでした。

（あれっ！　この人どこかでお会いしているかしら……？）

なんだか、知っている人のような気がして私は落ち着きません。こっそり横顔を確認しますが、どなたかは思い出せませんでした。

（仕事でお会いした方かもしれないわ）

私は仕事で、とても沢山の方と接するので、全員を覚えていませんが、高額な商品を扱っていることもあって、もしお仕事でのお客さまでしたら失礼になります。

こっそり、もう一度横顔を確認しますが、思い出せません……。でも、確かに会ったことがあるように思います。

（これからセミナーで四日ほどご一緒するのですから、声をかけたほうが良いかしら）

私は普段は、そんなに誰彼話しかけたりするわけではありませんが、この時はなんだか自然に声をかけてしまった感じです。

「あの～っ、どこかでお会いしましたか？」

すると、その女性は少し怪訝な表情で、

「いいえ」

と返事をされました。

やはり、勘違いだったようです。たぶん他人の空似なのかもしれません。若くてあまりお化粧っ気のない、大人しそうな方です。ちょっと淋しそうな雰囲気で、何か悩みでもあり、このセミナーに一人で参加したいきさつでもあるのかしら……などと思いましたが、それ以上お話しすることもなく、バスは会場へ向かいました。

ガイドからのメッセージ

今回の三泊四日のセミナーの参加者は30人程で、「一日体験」の時と同じく主催の坂本さんと女性のトレーナーの方、さらにサポートしてくださる男女各一名のスタッフの方もいらっしゃいます。主催者側の部屋割りなので初めてお会いする方ばかり三人と同室になり、早速セミナーがスタートしました。

セミナーが始まると、久しぶりに映像が幾つか見えました。

そのひとつに、神社の階段の下に立っているグリーンのスカートをはいた女の子……なんていうのもありましたが、やはりその意味するところは、わかりませんでした。意味はわかりませんでしたが、やはり映像が見えるのは、とても面白いです。

これが、ただの脳のなにかの影響で起こるのだったら、神社の女の子や教会らしきものは、私の脳のどこかの記憶データーの破片なのでしょうか。自宅で一人でCDを聴いているときより、格段に良く見えます。

同室の三人の方とも、なんとなく波長が合うようで、すぐに打ち解けることができました。

このセミナーは「ガイドとの邂逅」というタイトルです。

ここでいうガイドとは、自分をサポートし導いてくれる高次意識の存在で、その方と会うことが目的みたいです。ガイドは、それらしい人間のような姿で現れないことが多いので、どんなガイドが現れても、否定しないようにと、始めに注意がありましたが、なんと私がこの時、はじめて映像で見たガイドは、「靴」でした。

どうやら私のガイドは、靴のようですが、やはりその意味するところはわかりませんでした。

このときは、見えたのが靴なので、それは「いつも一緒に歩いているよ」というメッセージかしら、などと思っていましたが、これが後になり、ある偉大なアセンデッド・マスターのギャグであったなんて、このころは考えてもいませんでした。

階段下の女の子

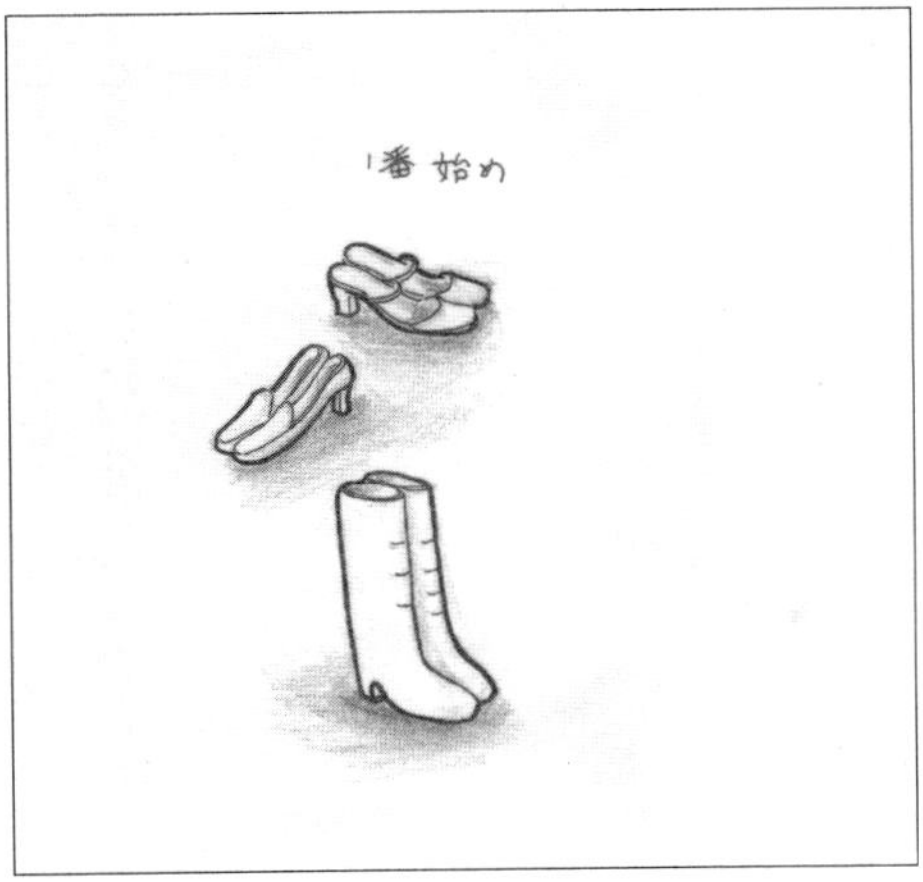

靴の映像

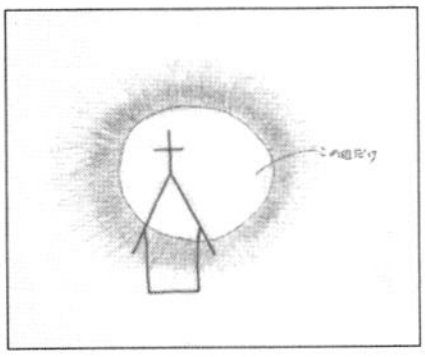
教会らしき
ヴィジョン

また、ここでご紹介しましたヴィジョンのスケッチは、このセミナーで見た映像のほんの一部で、このときはその意味は分かりませんでしたが、後になるとスペインの前世への旅をしたことを含め、今に到る重要な情報でした。

神社の女の子の映像ですが、その日の夜、セミナーのスケジュールも終わり、割り当てられた同室の方たちと四人で、歓談していたときに、今日の体験で見た、神社の女の子の映像のスケッチを見ながら、こんなのが見えたのだけど何かはわからない、と話したところ、三人のうちの地元から参加されたお一人が、「この神社は近くにある神社だと思う」と言います。

そして、この女の子の緑のジャンパースカートはこの神社の近くの学校の制服で、なんとこの地元参加の方は、「その学校の校舎の二階の窓から覗いていたこの女の子を見たことがある」、と話してくださいました。

でも、それは10年も前の話で、この方はいわゆる、幽霊として見ていたそうです。

これは、私のはじめての幽霊コンタクトでした。あまりにあっけなく、恐怖なんてぜんぜんありませんでしたが、さすがにこのときは半信半疑でした。

ただ、この体験をサポート役の女性スタッフにお話ししたところ、後で彼女はこの少女の霊に自らコンタクトして、ちゃんと誘導してくださったと話してくれました。

このセミナー体験のだいぶ後になってですが、私はよく女の子の霊とコンタクトする機会が多いことに気が付きますが、このときすでに後の体験へ続く、第一歩が始まっていたようです。

（補足ですが、このセミナーの目的は、自分の高次意識マスターとつながることで、霊とのコンタクト体験は、もっと後で受ける別のセミナーになります。しかし、私にとっては少女の霊とコンタクトすることが、この時点でとても大切な体験だったようです）

セミナーの二日目のことです。

一部屋に全員が集まりＣＤばかり聞いていたので、気分転換にチョットしたワークをしましょうということになり、紙とクレヨンが用意されました。参加者の方が、それぞれ床に置いた画用紙にクレヨンで絵を描きます。利き腕でないほうで、考え込まないで思いついたことを描けば良いそうです。

私は、青い渦のようなものを描きました。

そして、全員が描いた絵を持って、誰かとペアになるように指示されました。

前のほうに座っていた私は、すぐ近くの女性とペアになるつもりでしたが、その方が別の人と組んでしまったので、誰かいないかしらと、後ろのほうに行きました。ざわざわとみなさんが何となくペアリングしていき、相手が見つからない私は相手を探してどんどんうしろに行きました。一番うしろにいる方々のあたりまで行き、一人若い男性がまだペアの相手がいないようなのでそこに近づいたのです。

その男性は沖縄から参加された方で、それまで全然お話していない人でした。自己紹介の時も静かであまり印象に残らなかったのですが、他に一人の方はいないようですし、その方に近づくと、なんだかふわっと暖かい空気が感じられました。

「良いですか?」

と声をかけました。

「はい」

と返事してくれたので、その沖縄の男性の近くに座り、お互いの絵を見せ合いました。沖縄の男性は描いた絵を差し出しながら「自分、あんまり絵が上手じゃなくて……」と太陽が描かれた絵を見せてくれます。

太陽の絵の中心に、文字で太陽と書かれています。

私の絵も見ていただこうと差し出したときです。その沖縄太陽君は、

「さっき、前のほうに座っていたぼたんさんのうしろに、シスターらしきガイドが背中に手をあてて、大丈夫って言っているのが見えたので、描いたんです」

と言って、描いてある太陽の絵を裏返したら、その情景がスケッチされていました。それを私に伝えなくては、と思っていたら、なんと私が近づいてきたということです。ちなみに、私はみなさんに「ぼたん」と呼んでくださいと自己紹介していまして、ぼたんとは私のことです。

私のガイドは、靴ではなくてシスターなのかしら? と、ちょっと混乱してしまいました。

この沖縄太陽君は、ガイドというものに会いたくて参加した、と自己紹介していたのですが、どうやら昨日ある体験をしてから、いろいろな情報がいっぺんに入ってくるようになり、それを

沖縄太陽君のスケッチの裏に描いてあった絵

対象の方に伝えないといつまでもその情報が頭の中にあって、大変だったようです。どうみても、嘘をついているようには思えませんし、頭がおかしいようすでもありません。沖縄の方らしい顔立ちと、物静かな雰囲気でキチンとした印象です。

このときは太陽君自身、自分の能力にちょっととまどっているようにも見えましたが、いろいろな方に受け取った情報を、一生懸命伝えているようでした。

さらなるサポート

その次の日だったと思います。

この沖縄太陽君から、さらに受け取ったという情報を教えてもらいました。その情報によると、私と、私がバスの中で声をかけた淋しそうな他人の空似の女性は、前世で親子だったそうです。

私が34歳、空似ちゃんは9歳で、時は１６０４年。沖縄太陽君は私が娘の空似ちゃんを連れて、修道院に入って行くところを、映像で見たと言います。そして、太陽君はその映像の詳細な絵を描いて、説明してくれました。（次ページのイラスト）

当時、修道院へ入るには子どもは連れて行けなかったそうですが、この時は特別に許されたらしいことや、建物の裏手に小さな小屋があって、そこに空似ちゃんがいたこと、建物の横に木の生えた砂利道があることや、さらにここでなんと私は沖縄太陽君ともかかわっていたようです。なにか、前世の私は前世の太陽君のお世話をしていたらしいということも話してくれました。

私のノートにメモした教会の塔の映像も、同じヴィジョンなのかしら。そして一日体験の男性の横顔は、太陽君の前世の横顔だったのではないかしら。なぜかそんな気持ちがしました。

そしてこの修道院は○《まる》ドールと言う所だとも教えてくれました（○《まる》は不明だそうです）。でもこのセミナーが終わって、帰宅してからですが、桜のころに京都でジェントルマン先輩の書いてくれたメモに、パラドールとあったのを思い出したのです。

気が付かれたでしょうか、だいぶ前にお茶の時間に交わした話題が、なぜこの時に思い出せたか。それは一枚のメモでした、もしメモがなかったら馴染みのないパラドールという言葉にこのことをつなげる事はできなかったと思います。偶然書いてくれたジェントルマン先輩のメモは「スペイン旅行の参考に」と手元に取っておいたのです。一枚のメモがこの前世とスペインを結ぶ大

太陽君が描いてくれた絵。
左上には、地名○ドールとある

こちらも太陽君が描いてくれた絵。
建物の左側には「ジャリ道」とある

切な鍵となったのです。

＊　＊

話は戻りまして、その空似ちゃんとの親子の話の後です。

昼食の休み時間でしたが、いろいろ聞いてみたいことがあって、食堂のテーブルは沖縄太陽君の隣りに座りました。反対の隣りには、太陽君と同室の男性のサポート役の方が座っています。

太陽君はさらに私へのメッセージがあるようでした。

「今現在、私が現実で直面している問題は、その問題の当事者との間で前世から繰り返されている」ということだそうです。

そして「今回（現世）は物がからんでいるので、複雑になっているがクリアーできるので頑張るように」というものでした。これはロバート・モンローからのメッセージだそうです。（ヘミシンクを開発したロバート・モンローはこの時すでに亡くなっています）

そして、この問題をクリアすると、私はこれでＯＫなのだそうです。

（ＯＫって、どういうことなのでしょうか？）

そこで、私は年明けに体験した、30歳くらいの女性の悲しみの意識にシフトしたことを話してみました。すると、太陽君は、それは私の前世の体験で、その時の声にならない悲しみが、今の私の喉に現れていると言います。

そうなのです、私は子どものころから、喉が弱く喉の病気をよくしました。今も喉には良性ですが原因不明の腫瘍ができてしまっていて、そのため、少し会話をするのに他人より力が要ります。隣りにいた、サポート役の男性スタッフさんも、加えてアドバイスしてくれました。

「相手がどうあれ、私がどうするかが大事なこと」だと言います。

「絡んでいる物（物質）は、実は小さなことで、問題のために在るのだ」とも言います。

問題のために在る、とはどういうことなのでしょうか。

物質そのものよりも、問題の本質が大切だということでしょうか。

確かに、そんなふうに言われると、思いあたることがありました。そういうことは心のどこかで気が付いていたように思います。でも受け入れるのが不安でした。物質で解決したつもりでも、なにも解決していなかったことに気が付いていたからです。

もちろん、太陽君やサポート男性には、プライベートな話はなにもしていませんでしたから、抱えていた問題の核心をつかれて驚きました。

しかも、空似ちゃんと私は同じ問題を抱えているとも、言われたのです。

潜在意識からの解放

バスの中で声をかけた他人の空似だと思った女性は、前世で私の娘だった。だから、あんなにどこかで出会ったように思ったのだわ。でも、どこか淋しそうに思えたのは、やはりなにか前世のことが関係しているのかしら？

前世の私はどうして小さな子どもの空似ちゃんを連れて、修道院に入ったのだろう？　なぜだか、私は空似ちゃんに何かしてしまったように思えていました。何か酷いことを……そのことは、怖くて触れられないような感覚です。

現在、私には息子が一人います。

二十代で身ごもり待ち望んだ子どもですから、男の子でも女の子でもどちらでも嬉しいはずですし、子どもは大好きです。けれどなぜか私は、そんな感情の中のほんの少しの気持ちとして、女の子はいやだな……という気持ちがあったのです。理由はわかりませんでした。ただなんとなく女の子でないことを願っていました。それはとても微細な感覚でした。そのことは、空似ちゃんとの前世の体験からの持ち越した感情だったのでしょうか。

でも、このころからでしょうか、そんなセミナーでの体験が、ほかにもいろいろあったのですが、もともとこんな展開になるとは、思ってもいなかったので、なにかここに導かれたのではないかと思うようになり、見える映像や体験を疑うのでなく、感謝して受け入れるように気持ちが変わっていったのです。

その日の午後だったと思います。「リリース＆リチャージ」のセッションのときでした。

これは、自分の意識の深いところにある、もういらない信念を解き放すという目的のセッションですが、やはりそれぞれが割り当てられた部屋で、ヘッドフォンをつけてガイダンスにしたがい体験します。

その後、全員で集まって、その体験を皆にシェアしたい人がお話するのですが、それまで、ほとんど話さなかった空似ちゃんが皆の前で、体験を話し出しました。

このセッションではガイダンスに誘導されて、自分の深い意識を大きな箱にイメージして、その箱の蓋を開け、中にしまいこんでいる信念を見に行くのですが（イメージで見に行くのです。実際に起き上がったりするのではありません）、空似ちゃんはその時物凄く怖くて、実際は横になっているのですが、体のももからふくらはぎにかけて足がガタガタと震えだし、体が硬直しそうだったそうです。

でも、力を振り絞り、箱の蓋を開けて、中から取り出したものは紙に描かれた「孤独」の文字だったそうです。イメージで蓋を開けますが、中に何があるかは、想像するわけではありませんから、思いもよらないものが入っていることがあります。そこまで話しながら、とても辛かったのか、空似ちゃんは泣き崩れてしまいました。

前のほうに座って聞いていた私は、体が動きませんでした。気の毒な彼女を慰めることもできませんでした。なんだか、とても深いところで、固まった思いがあるのですが、それがなんだか分からなかったのです。感傷的になった、見ず知らずの女性を、本気になって慰められなかった……というのではないのです。なにか、拒絶するような、見て見ぬ振りをしていたいような感覚です。

サポート役の方に慰められて、空似ちゃんは席にもどりました。

その後のセッションでも、もうそのことがとても気になったので、ひたすら答えを求めてみました。

私はこの前世で、何があったのか。

とくに空似ちゃんになにをしたのか。

どうして彼女は淋しいのか。

どうして私は、空似ちゃんに対して優しくできないのか。

でも、答えは受け取れませんでした。

その夜、セッションが終わってから、空似ちゃんと二人でお話ししてみました。

現在抱えている共通の問題は、彼女の方から話してくれましたが、それは太陽君の情報の通りでした。そして､空似ちゃんの意識の深いところにあった､孤独という信念を作り上げた体験は、私との前世の時だけでなく、このセミナーの参加者の別な方との別の前世にも大きく関係していたことがわかったと、教えてくれました。その方と、同じ前世の体験を思い出したので、心を通わすことが出来るようになったと話してくれます。そして、私との前世の思いを解放したくて、この話をしているとも言ってくれました。

なんだか、彼女の優しさに包まれたような気がしました。この時は、この前世でなにがあったかは、まだ思い出せずにいるけど、空似ちゃんは私の大切な娘でいてくれたときが、かつてあったのだと思いました。

その日私は、ジュエリー類は付けてこないようにしていましたが、なんとなく、気に入っていた指輪だけは付けてきていたのです。ピンキーリングと呼ばれる小指専用のその小さな指輪は、私がデザインした、ハートのモチーフが連なる優しいイメージの指輪です。ピンキーリングは、母の小指に付けていて、やがて娘に手渡すものと聞いていましたが、私は現世では娘がいません。

空似ちゃんに良く似合いそうなので、彼女に受け取ってもらうことにしました。偶然でしょうか、まるで時空を超えて、娘に手渡したような感じでした。

前世の夫からの告白

さて、ここに書いたこと以外にも、たくさんの体験をして、三泊四日のセミナーは終わりに近づきまし

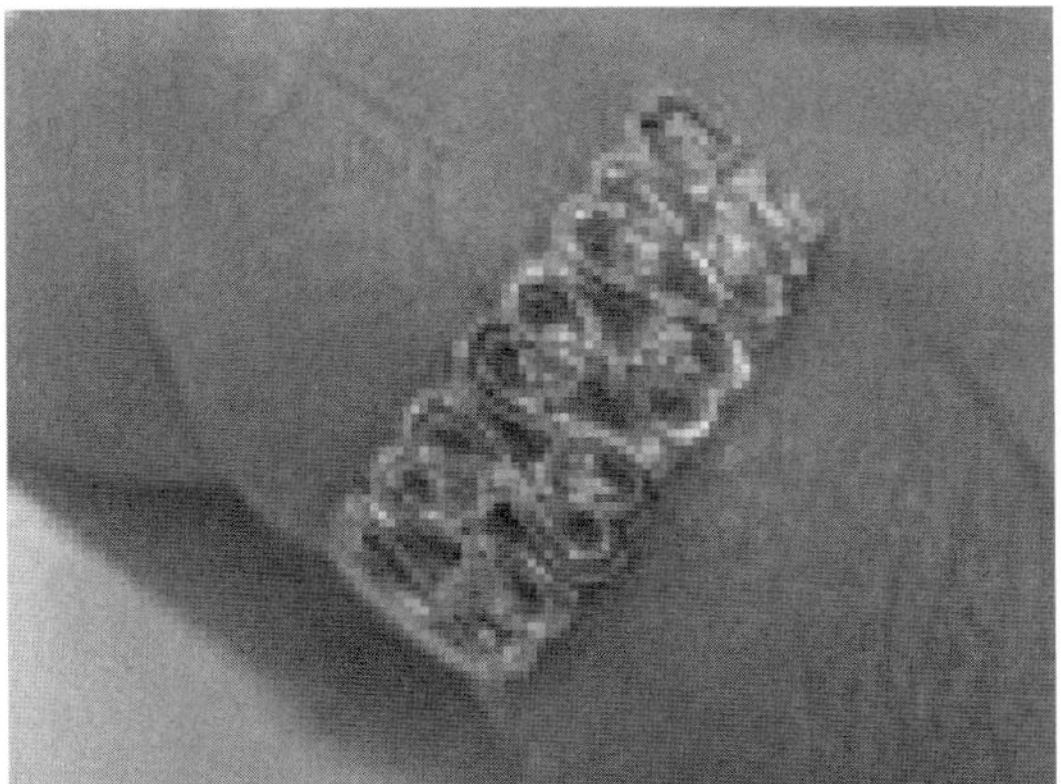

手渡したハートモチーフのピンキーリング

た。

四日目の午前中で終わりです。たった四日の間でしたが、貴重な体験を共有しあった人たちとお別れするのも、少し淋しいと思い、それぞれ連絡先の交換をしていたときでした。参加者のうちの若い男性の方から声をかけられたのです。この方とはセミナー中は、ほとんどお話をしなかった方です。ただ、みんなで体験した話をしていたときに、前世で忍者だったことがあったと話していたのを覚えています。

その忍者のときに別の前世から持ち越した信念により、仲間とは誰とも心を開かなかった……そんな話だったように思います。

その忍者ハットリ君が、連絡先を教えてくれないかというのです。ほとんど話もしなかった私に、なぜかしらと思いつつ、差支えないので連絡先をお伝えしました。そして、解散しそれぞれ帰宅の途につくのですが、帰りがけにサポートの男性スタッフさんから伝えたいことがあるので、時間をとってほしいと、声をかけられたのです。

このサポートの男性スタッフさんは、沖縄太陽君と同じくらいの年齢なので、私からするとスタッフ君という感じなのですが、(私よりかなり年下なので)サポートスタッフという立場からなのでしょうか、なんとなく格が上、みたいな感じがあったのです。

なにか、かなり年下なのにこの人に相談にのってもらいたくなるような、そんな印象でした。

ランチのときに、太陽君から教会の絵を描いてもらい、このスタッフさんからも情報をいただいたときも、なんだか諭されているような感覚があったのです。それで、「スタッフさん」というイメージだったのですけど、実はこの理由はだいぶ後になって判明するのです。

そのちょっと格上スタッフさんが言うのですから、それは大事なお話なのだろうと思い、熱海駅前の喫茶店で待ち合わせすることとなりました。

集まったのは、声をかけてくれた格上スタッフさんと、空似ちゃん、私と沖縄太陽君、それに忍者ハットリ君も含めて五人です。ハットリ君は、なんとなく落ち着かない様子です。実は、私はこのハットリ君に少し変な感覚があったのです。

ちょっと距離を持ちたいような、いえ、何がっていうのではないのですが、連絡先を聞かれたときも、一瞬変な感覚があったのです。ハットリ君の名誉のために申しあげますが、とても優しそうな男性です。礼儀も正しいし、どちらかというと好感度がありそうな方ですから、なぜこのとき、私がそんな感覚になったのか、このときは知りませんでした。ですから、他人に対して勝手に思い込んでしまう、自分の悪い癖のための印象なのかと思っていました。私が、もっと若かったら、別の意味もあったかもしれませんが私からしたらかなり年下の男性で、特にそんなに意識するような状態ではないはずだったのです。

話は、こうでした。

なんでも、忍者ハットリ君と私は前世で夫婦だったそうです。いえ、忍者の奥さんだったというのではなくて、空似ちゃんと親子だったときのことです。

どうやら、このときの旦那さまだったハットリ君が、空似ちゃんを傷つけたので、私は空似ちゃんを連れて、修道院に入ってしまったと言うのです。ハットリ君は、すまなそうに謝ってくれます。

後で、私がその前世を思い出したらひっぱたいてくれても構わない、とまで言ってくれましたが、このときは、そんなことは思い出せませんでした。

（それで　連絡先を聞いていたのだわ）

帰宅してからも、しばらくこのセミナーでの体験が消化できないままいましたが、翌日、なんだか涙があふれて、一日中止まりませんでした。なにかが悲しいわけではないのです。実際、そのときは掃除したり洗濯したりしながら、泣いていたのですから。だいたい空似ちゃんとの前世のこともハットリ君との前世のことも、私の中では、ちゃんと思い出したわけではありませんでしたから。でも、意識の深いところの、手放したほうが良い想い（信念）が氷解したように、一日泣いていたら、すっきりしてきたのです。

前世に触れると、顕在意識では認識していないのですが、ＰＣのモニターに映さない裏作業のように、見えないところで必要でない信念の解放（リリース）がされるようです。他人の前世を読み解いたとき、その方がよく涙が出てくることがあるのですが、本人はなにか悲しいわけではないので、不思議に思われることが良くあります。私も、そんな状態だったのだと思います。

自分では、なんでこんなに涙が出るのだろうと不思議でしたが、その後すごくすっきりして軽い感じになるのですね。いらないデーターや使わないソフトを、ゴミ箱に入れて空にするみたいです。空っぽになった分、容量がふえるのでしょうか。涙は魂の修復作業だと言った人がいますが、これは前世でため込んだ涙だったのかもしれません。

そんな体験をしましたが、まだこの空似ちゃんと忍者ハットリ君との前世を、私自身が思い出したのではありませんでしたから、わざわざそこに行こうとまでは、思ってはいませんでした。仮に行くにしても、そこが何処なのかも分からなかったのですから。

ジェントルマン先輩のメモにある、パラドールと沖縄太陽君のスケッチの○《まる》ドールの一致だって、偶然かもしれません。だいたいパラドールって、なんなのかしら？　そう思って調べてみると、スペインの歴史的建造物を国営ホテルにしたもの——だそうです。インターネットで調べると90か所くらいあるのだけど、その中で私の前世に関係があるところはメモにあった、ロンダのパラドールかしら？　断崖の上の白い建物だって、ジェントルマン先輩は言っていたけど。

そのころあげまん美保ちゃんは、長らくお勤めした会社を辞めることになり、自由な時間ができたので以前から行きたかったヨーロッパ旅行に一緒に行こうと誘ってくれました。それなら、私は行ったことがないスペインが良いなって思っていましたが、それでもなんとなく気が乗らなかったのです。けれどそれからそんな状態の私を、後押しするようにあの白い断崖の建物のある場所が、だんだん絞り込まれていったのです。

このセミナーでの体験はある意味特別だったのでしょうか。

沖縄太陽君の特異な才能に助けられたり、偶然出会ったソウルメイトとの再会はふつうなかなかできないと思われるかもそれません。けれど、セミナーという特別なきっかけではよくあることです。この出会い以外にも別のセミナーでのことですが、ある同じ前世がらみのソウルメイトとその前世を同時に思い出すなんていうことは何度かありましたし、私以外の方でもそうした体験は頻繁に耳にしました。

ではセミナーに参加しないと体験できないかというとそうでもなくて、実はソウルメイトとの出会いは良くあることなのです。たとえばある女性が姑との不仲に悩んでいらっしゃってその方の情報を採ると、前世にその姑と姉妹だったり、親子だったということもあります。こんなふうに、自分のまわりで、ちょっと印象が特別な人を意識してみてください。「何となく好感が持てる人」と、「何となく嫌いな人」「苦手な人」「何となく憎めないひと」と言った印象のひとです。特になにかあった訳ではないのに、出会った最初からそんな印象があった人。そういう人は、ソウルメイトである可能性が高いです。

私が空似ちゃんにバスの中で隣り合わせただけでしたが、どこかで会った気がしたと同じことですね。特に夫婦や兄弟、長い付き合いの友人なんていうのもそんな場合が多いです。もちろん広い意味では周りの他人はすべてソウルメイトなのですが、特に影響が大きい関係という意味においてです。この体験でお伝えしたいのは、私が感じたソウルメイト達への印象です。

文中にもあるように、出会ってなにも会話していないのに、持った印象は遠い記憶からもたらされることが多いのです。この体験ではその関係が少し解明されましたが、たとえセミナーなど特別な体験でなくても、そんなふうに意識してまわりの人を見ることをしてみてください。

特にこれからお伝えするように、旅行に因んだ関係は興味深いかもしれません。ここでご紹介するスペインの旅のだいぶ後ですが、私は女性４人でアメリカを旅した体験があります。

その時たまたま誘い合ってご一緒した４人が実は旅先で滞在した場所の近くで暮らしたファミリーの前世があったことをその旅先で思い出しました。そして興味深いことに、この時４人が旅の中で、まるでその前世のファミリーと同じような立ち位置をとりました。

つまり前世で母親だった女性は母親役のように、父親だった女性は父親役のように、子供二人はそのように自然とふるまったのです。もし、友人と旅をしたときに、旅の最中にその友人となにか姉妹や兄弟のような感覚がしたり、旅の途中で興味を持つことが似ていたり、なにか起きたときの対応などを、そんなふうに意識して見てみると、それは前世での関係性が影響していることが多いと思います。

日常でもそういうことはありますが、特に旅行という凝縮された時間はそういったことに気が付くきっかけが多くあるはずです。

◆4章　場所の検索

旅先でのメッセージ

翌月の6月です。仕事で博多に行ったときのことです。

翌々日は、佐賀へ移動するので、東京に戻らずに博多で一日お休みをすることにしました。のんびり博多駅近くの本屋さんなどをのぞきながら散策していたとき、駅のコンコースにある、旅行代理店の店先に飾ってある旅行パンフレットが、目に入りました。

その中のスペイン旅行のパンフレットの表紙に載っていた写真が、あの「一日体験」で見た、白い断崖の建物のヴィジョンとよく似た風景だったのです。

近寄ってパンフレットを手にしてみると、それはスペインのクエンカという街にあるパラドールの写真でした。クエンカなんて、聞いたこともない地名です。でも、パッケージ旅行があるくらいですから、そこそこ名所なのでしょう。建物の写真も、あのヴィジョンに似ているといえば、似ていますが確信がもてませんでした。たまたま、似ていただけかもしれませんし、スペインにはこんな風景は一般的にあるのかもしれませんから。

パンフレットには、「スペインのパラドールに泊まる」というのがうたい文句のようですが、そこの説明はそれ以上ありませんでした。でも後になって思うと、このときクエンカという街があることを知ったので、この前世の旅へと導かれたのだと思います。そうでなければジェントルマン先輩のロンダのパラドールかと、思ってしまったかもしれませんから。

このころ私の身の回りでは、ちょっと変なことが、ちょこちょこ起きていたのです。

たとえば、博多の本屋さんでは、棚にあった本を買おうかなと思って、ちょっとよそ見をしたら、さっき確かにあったその本が、どこを探しても見あたらなくなってしまっていたり（周りにはだれもいませんでした）、自宅で朝、友だちにメールをしていたら時間が過ぎてしまい、遅刻しそうで慌てて駅に行くと30分も時間が戻っていたりしました。これはメールの時間がちゃんと携帯に残っていましたから勘違いではなかったのです。

そんなことで、なんだかこのクエンカのパラドールのパンフレットを見かけたのも、偶然ではないようにも思っていました。

さてこの「パラドール」という聞きなれない言葉がかえって印象に残り、そのためにバラバラのデータが結び付けられているのに気が付かれたでしょうか。

「パラドール」と「断崖の上の白い建物」という別のファイルが結びつきだしたのです。しかも、タイミング良く場所の絞り込みのメッセージが送られてきたわけです。

こんなふうに、少し意識を向けておくととても大切なメッセージを受け取ることができやすくなります。もちろんあまり神経質になにもかもメッセージだと思い込んで、自分のストーリーに無理やり嵌め込むのはおすすめしません。

けれど共通した単語や、印象に残る風景などにまったく無関心でいるより、少し意識をすれば上からの情報は有効に受け取れやすくなります。そうすると、情報がとても多く、なんども繰り返し、またとてもタイミング良く送られていることに気が付くはずです。光の回線は意図しなくても、そんなことでつながるのですから。

前世でのデータ

熱海でのセミナーの体験から、本格的にへミシンクのセミナーを受けてみようと思い、この年（2007年）の9月に開催されるアメリカのモンロー研究所でのセミナーに申し込むことにしました。

思い返せば、2006年の9月に一日体験をしてから、もう一年が過ぎようとしていました。

上記二点は心ひかれた
モンロー研究所の風景

思いがけず参加した5月のセミナーでソウルメイトとの再会を体験をしてから、バージニアに行くという流れは、後になって思うと、このアメリカでのセミナーがより深い、意味のある体験になることへとつながったのだと思います。

バージニアでの本格セミナーは一週間ほどの長いセミナーで、日本人のためのセミナーですから坂本さんや女性トレーナーの通訳がつきっきりです。そして、現地モンロー研究所のスタッフが中心のセミナーで、参加者の25人ほどの方と研修施設で寝泊まりします。

モンロー研究所はバージニア・ブルーリッジ山脈の中腹にある自然に囲まれた、湧き水の美味しいところです。近くのミラノン湖には野生のビーバーがいて、そこではセミナーの一環でボート遊びなんかも楽しみます。2年ほど前に、この風景にあこがれて、いつか行きたいと思っていたこの土地に、意外と早く来ることになりました。

ここでの体験を全部書くことはできませんが、このセミナーでこの後に行くスペインの前世の旅と、その体験のもたらすことへのメッセージを受け取っていたので、ご紹介します。

このセミナーで見えたヴィジョンのいくつかには、十字架が付いた教会の屋根が、いくつもあります。そして、長い暗い廊下の先にある半円形のドアのような情景のヴィジョンがあります。

この廊下の情景は、後で実際に行ったクエンカのパラドールの中の廊下の情景とも一致します。それから、熱海のセミナー時に受け取れきれなかったガイドからの重要なメッセージ（熱海のときはクリックアウトという現象でした。クリックアウトとは、メッセージを受け取る際にい

協会の屋根のヴィジョン

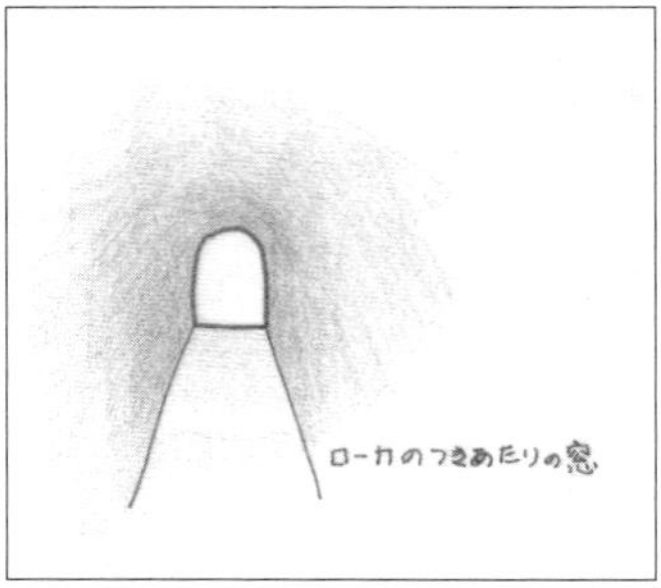

長い廊下のヴィジョン

きなり終わりになるという、つまり肝心なメッセージそのものが分からなかったという現象で、もちろん眠っているのではないのですが、あれっ、なにも受けとらないうちに、瞬間で終わってしまったという感じなのです。ただし、受け取れなかったとしても失われたわけではなく、その情報を今は内容を受け止めきれない場合などに起こる現象のようです。後で条件が整えば受け取ることが可能になる）というのを、ここで改めて見せてもらうのですが、それは、私がこれからスペインへと行き、どんなことになるのかを見せてもらったのだと思います。

それは「ガイドから五つの重要なメッセージをもらう」というセッションでした。

いつものように、ヘッドフォンをつけてガイダンスの言う通りにしていたのですが、見えたヴィジョンは、

一つ目　真っ暗な空間に円を描きながら
　上に昇る蛇……
三回弧を描き　上昇する
二つ目　真っ暗な中に
花びらが二枚
花びらが四枚の花
花びらは六枚に
ここで　真っ暗に
そして　今度は満開の花が一輪浮かびました
ハスの花のような形
三つ目　蜘蛛の巣状の線
一本の線が別の蜘蛛の巣につながって
そんな　つながりがどんどん
ひろがっている
つながって　つながって……
四つ目　満点の星空
大きな波紋のような線が

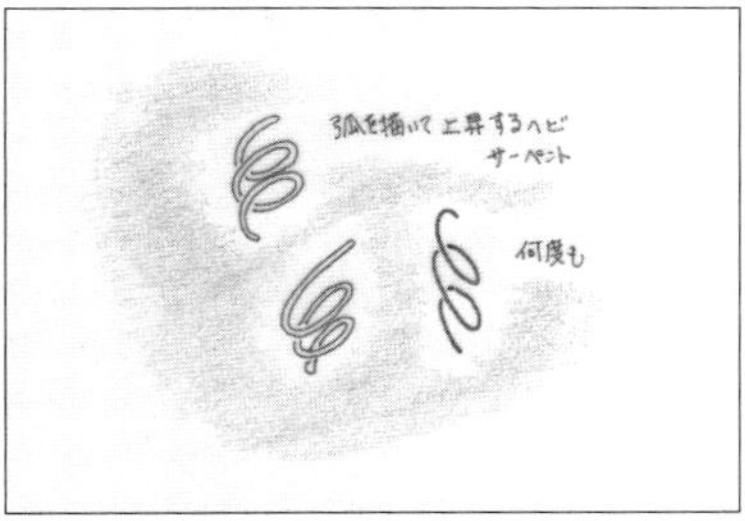

一つ目のヴィジョン

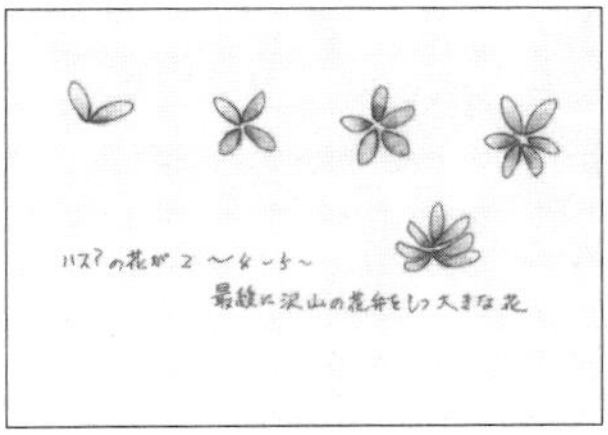

二つ目のヴィジョン

左右からゆっくりと
つながり
やがて　巴状にひとつに……
五つ目　大きな空間に
ぎざぎざの　切れ目が
切れ目の左右が白と黒
裂け目というより
二つが合わさっている感じ
二つがぴったり重なる
全部が消えて真っ暗な空間を
天にまっすぐ上昇する白龍
一筋……

それは、とてもきれいな映像でした。

それから、参加者の方がよく亡きロバート・モンローからメッセージを受け取るようですが、私もこのとき、彼からメッセージをもらいました。

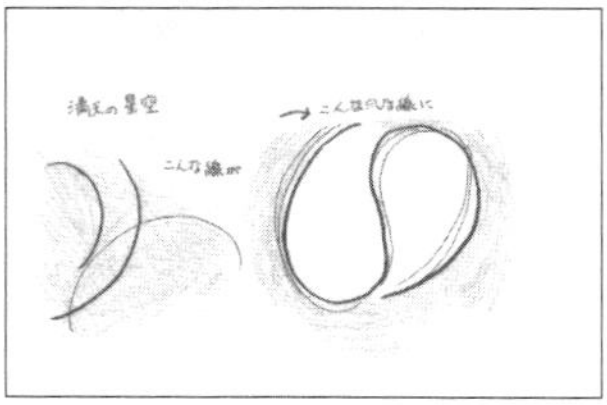

四つ目の巴

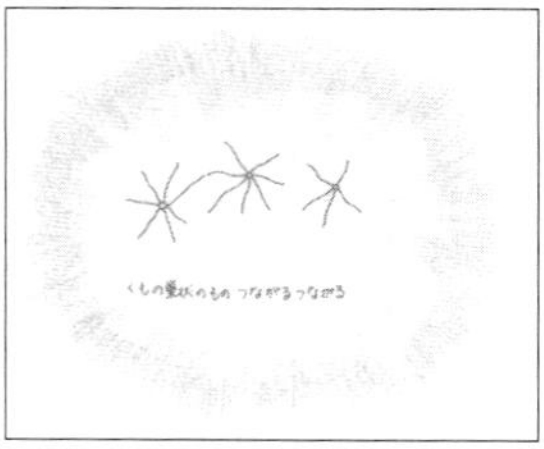

三つ目の蜘蛛の巣

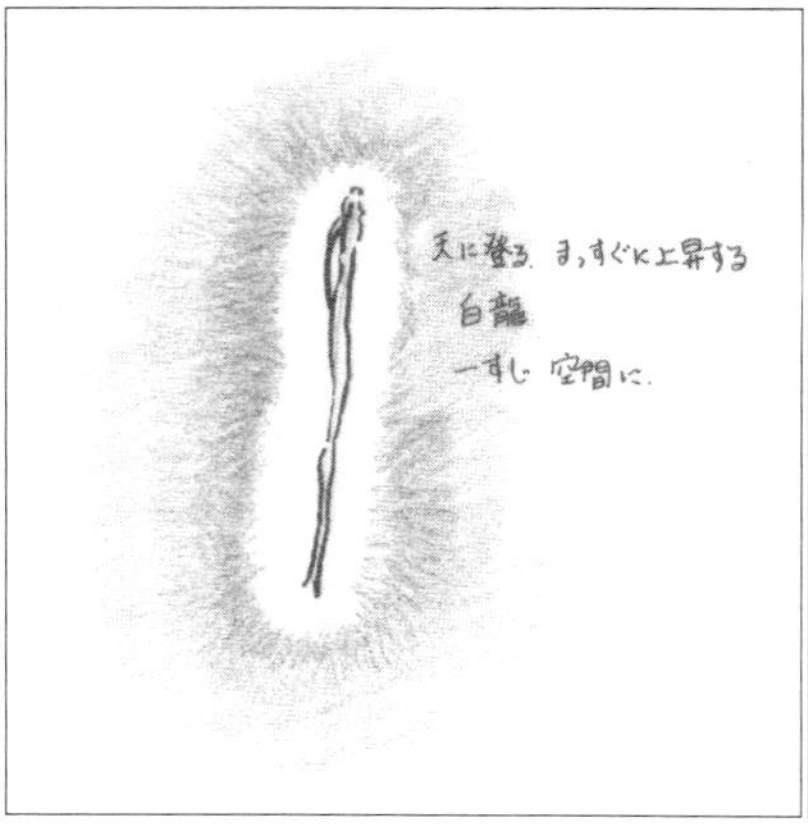

五つ目の白龍

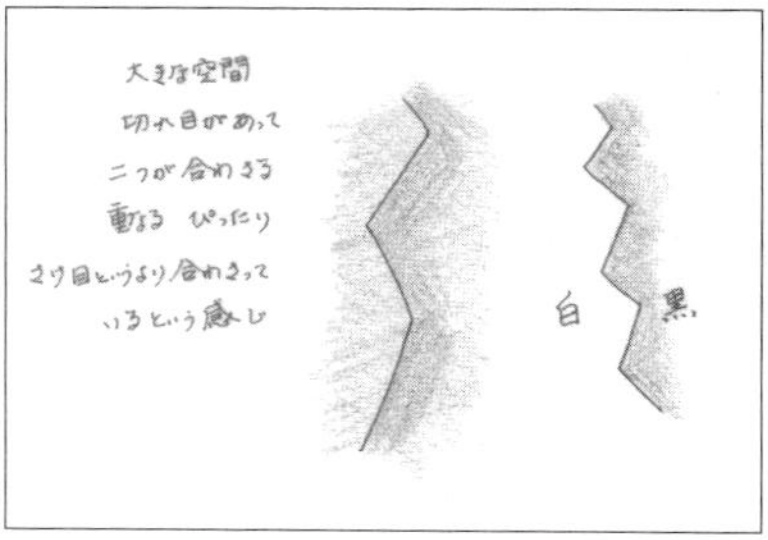

五つ目の切れ目

「Ｙｏｕ　ａｒｅ　ｆｒｅｅ」

短いメッセージですが、私はこれから前世の旅を通して、このメッセージの意味する「古い信念にとらわれない本来の自由な自分を」とりもどす体験をするのでした。

ヴィジョンのシンクロ

その年（２００７年）も押しせまって12月です。

やはり、スペインの断崖の建物が気になって、インターネットで検索してみると、パラドールは、たくさんあるのですが、建物が全然違っていたり、修道院と関係のない建物だったりして、絞り込むと残ったのはやはりロンダとクエンカの２つのパラドールでした。

このころは、インターネットでもあまりこの２つの建物の写真がなくて、どちらなのかわからなかったのです。もしかしたら、まったく見当違いかもしれません。

久しぶりに、沖縄太陽君にメールしてみました。あの教会の絵はスペインのどこかだと思うけど、場所もはっきりしないし、行くのをためらっていると相談したのです。

すると、あの熱海での話は、この前世での人生のほんの入り口で、まだまだたくさんの悲しみが残っているから、ぜひ行って、それを知ってその悲しみを解放するようにしてほしいと、返事がきました。それによって、今の私が他人との距離感を持つのに、不安定でバランスが悪いところなども、解消されるそうです（不安定でバランスが悪いのでしょうか。なんとなくそんな気もしますが）。場所は、必ず導かれるから大丈夫です、と、やはり具体的なことはわかりませんでした。そして、なんだかその悲しみを知るのは怖いような気もしました。

どちらにしても、このことと関係なくスペイン旅行に行こうと、あげまん美保ちゃんから催促されていましたので、どうせなら、このどちらかのパラドールに行ってみるのも良いかというぐらいに思っていました。今回の体験が、もしかしてまったくの偶然からふくらんだ妄想だとしても、別になんの問題もありませんから、普通にスペイン旅行を楽しめば良いわけですからね。

そんなとき、熱海のセミナーで同室だった方と再会することになりました。

待ち合わせしたホテルで軽いお食事をしながら、熱海での思い出話などをしていました。アメリカのセミナーでの体験の話から、パラドールやスペイン旅行に行く予定の話をして、ロンダとクエンカのどちらにするのか迷っていると話したのです。そしてネットから印刷した両方のパラドールの建物の写真をみせたのです。

すると、彼女はクエンカのパラドールの写真を目にして、

「私も熱海セミナーのすぐ後に、この建物のヴィジョンを見た」（左の絵です）

と言い出したのです。

実は、私もクエンカのほうが有力に思えていたのですが、記憶にある映像の建物にある塔の部分が、その写真の建物にはないのが気になっていたのです。

そこで、「私もこちらだと思うのだけど、塔がないのよね」とつぶやくと、なんと彼女もすかさず「そう、塔がないのよ」と、まるで同じ映像を見ているかのように相槌をうったのです。おもわず、二人で顔を見合わせて笑ってしまいました。

なぜ、同じヴィジョンを見たのでしょうか？

おそらく、彼女はいわゆるアカシックレコードにアクセスしていたのだと思います。私の記憶をリーディングしていたのではないでしょうか。

そのときは、彼女は何の映像かは、わからなかったのでしょう。同じ部屋でいろいろ心配してくれた彼女は、無意識にリーディングしていたようです。この日までこのヴィジョンがなんなのか、もちろん彼女はわかりませんでした。

迷っていてもしかたがありません。

早速スペイン旅行にクエンカを組み込みたいと、美保ちゃん

同室の方のヴィジョンのメモ。
（この図の横には、修道院と文字で書き込みもあります）

に連絡して、二人で旅行代理店に行くことにしました。

博多で見たパンフレットにはありましたが、あれからはクエンカのパラドールに行くツアーは見かけませんでしたので、旅行会社の担当の方にお願いして、フリーツアーにクエンカのパラドールに一泊することを組み込んで手配してもらうことにしました。

残念ながらこの旅行会社ではクエンカのパラドールは手配したことがなく、現地へ直接交渉してみるので時間がかかると言われ、返事は年明け（２００８年）になるとのことでした。

もう、運を天にまかせる気持ちです。ここまできたら、せっかくですからクエンカに行ってみたい気持ちがありましたが、時間がないので予約が取れるかどうか微妙でした。

「私のガイドさん、本当にここに行ったほうが良いのなら、予約とらせてください！」なんて思ったりしてみました。

年が明けて、ほどなく旅行会社から予約が取れたと連絡が入りました。いよいよこの旅行が前世旅行となるようです。

＊　＊

熱海での体験にも書きましたが、沖縄太陽君の特異な才能に触れられたのは幸運かもしれませんが、そこまで強烈でなくても情報は受け取れます。

たとえばここであるように、同室の女性からも素晴らしい情報をもらっています。このケースに限ってはここでご紹介していませんが、別の方からもいろいろなシンクロする情報を話していただいています。ですから自分が望んで意識することで、こういった情報を受け取るのは可能です。もしまわりに太陽君のような人がいなくても、前世リーディングをしている方にお願いしたり、カードなどでメッセージを受け取る、ヒプノセラピーなどで自分の深い意識に触れてみるという方法もあります。

こういうことは納得できるまで何度も確認して良いのです。大切なのはそういったことは別の誰かに依存するのでなく、いろいろな方法を利用するくらいの気持ちで受け取ってください。あくまで自分が納得するのが大事なのです。

なぜ行くの？

出発は２月の22日です。

この時は気づかなかったのですが、２の続き番号の日でした。

あげまん美保ちゃんは、初めてのヨーロッパ旅行です。私は仕事で何度かヨーロッパのいろいろな国に行ったことがありましたが、スペインは初めてでした。

泊まるホテルも、移動の急行電車の切符も手配してもらっていますから、そんなに心配することはありませんし、今回は友人との気楽な旅です。

出発までは、結構忙しく過ぎていきましたが、せっかくなのでスペインの前世情報が欲しくて、都内で開催される、ヘミシンクセミナーに参加することにしました。

２００７年９月にアメリカに行ってから、セミナーでヘミシンク体験をするのは４カ月ぶりです。まだまだ一人でするより、深い体験が可能な気がして大勢でやってみたかったのもあります。１日だけですから、気楽に参加しましたが、このときもヴィジョンにたくさんの十字架が見え、黒い法衣をまとった暗い感じのシスターも見えました。

それから面白いことに、別のヴィジョンでは明石やさんまさんがマンガ調で現れて、あの口元で「クエッ、クエッ！」としゃべっていたり、棋図かずおさんの漫画に出てくるまことちゃんが、カップに３人入って、くるくる回る、なんてのもありました。

この日私は少し疲れが溜まっていて、体調が悪かったのを無理して参加したのです。

後で考えると、そんな堅苦しく考える私を、もっとリラックスして楽しむように、こんな映像にしたのかもしれないと思いました。明石やさんまさんの、クエッ、クエッは、おそらくクエンカのことでしょうね。

そして３人のまことちゃんは、後で判明したのですが、まこととは真理のことで、それが３人つまり三位一体がくるくる回っている様子を見せられたのだと思います。

（宗教的な解釈は分かりませんが、私の中ではこのシスター時代に、教えられた教義に割り切れない想いがあったのだと思います）

それから２週間ほどして、アメリカのモンロー研究所に行った方たちの集まりがあり、そこで

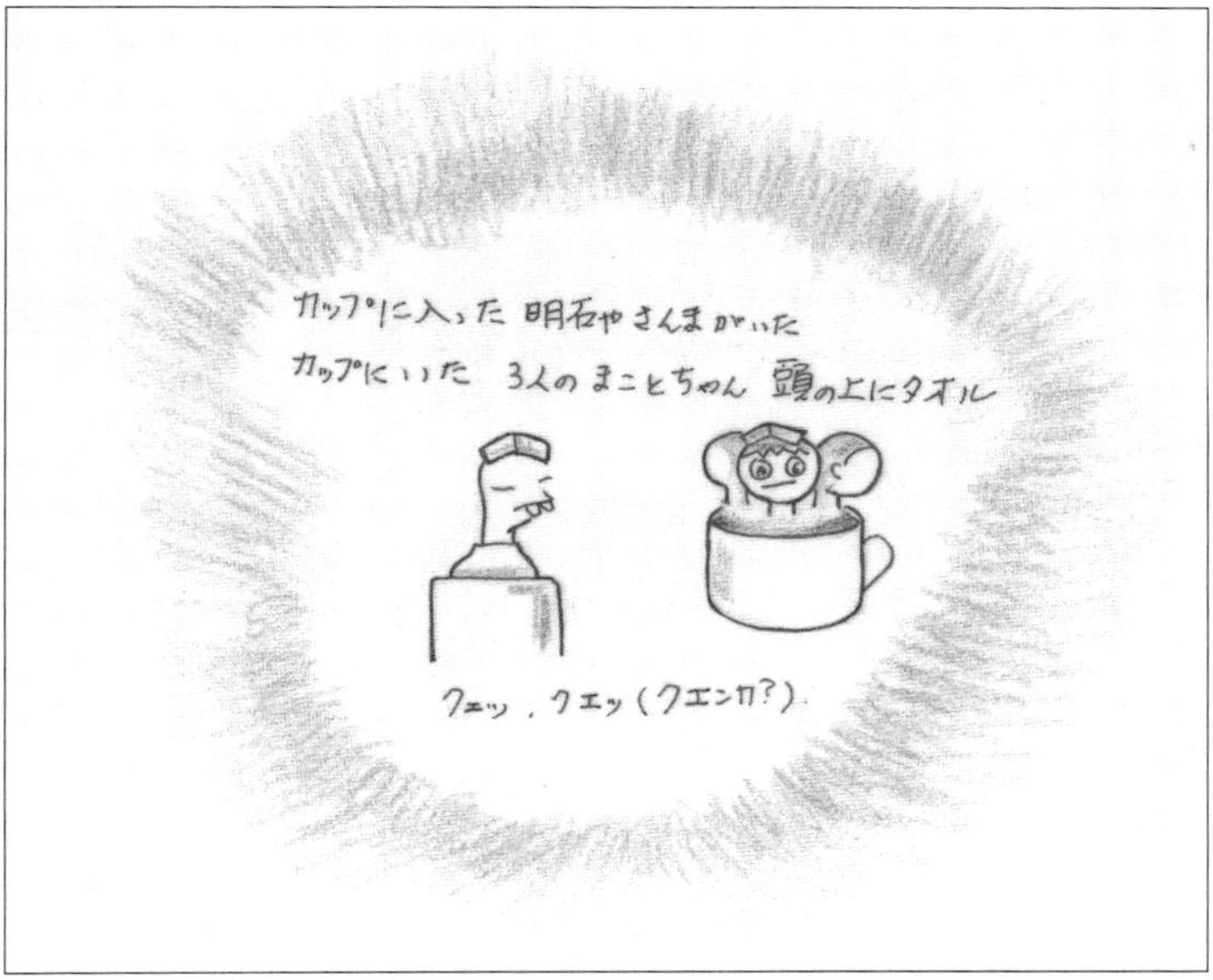

三人のまことちゃんとさんまさんのヴィジョン

沖縄太陽君と再会したときです。太陽君は私より3か月後に、アメリカのセミナーに参加したのですが、熱海の時よりぐんと進化した彼の能力は、そんな仲間うちで評判になりだしていたのです。ご挨拶してから、気になっていたスペインのパラドールはクエンカで良いのか聞いてみました。すると太陽君は、そのクエンカはスペインの地図を上からみて右か左かどちらに行くのかと聞くので、右だと答えました。

クエンカは最初の到着地マドリッドから右へ行きます。

上からみると、上でも下でもなく右に行きます。

「それなら間違いないです」

太陽君の返事に、ちょっとざわってしました。太陽君はさらに、「そこでぼたんさんは、白髪になるまで生きていた」とも言います。私はここで、自殺でもしたのかななんて少し思っていましたが、そうではなかったようです。そして、スペインに行くとどんな意味があるのか聞いてみました。

「そこに行って、黒い点を潰《つぶ》す」というメーセージを太陽君は私に伝えてくれました。意味は、

「それは想いを受け止めて、手放す、解放する」ということだそうです。

そして解放すると何があるのかも聞きました。

「光明と見えます。たぶん仕事のことだと思います。青と紫の石の光が今よりずっとすごく輝く」

と伝えてくれました。（なんと私はこの日ちょうど気に入った青い宝石と紫の宝石を、作品作

りのために仕入れていたのです）

もちろんこれが太陽君からの一方的な話だとしたら鵜呑みにはしなかったと思います。でも、太陽君が伝えるメッセージと、私自身が受け取っている映像や、起こっていることが重なっていましたので、これは単なる妄想ではないと思うようになりました。

こうして、スペイン旅行はもうすぐになりました。

どうでしょう、私もそうとうに何度も確認しているのがお分かりだと思います。

しかしこのように、霊的能力がなかった私は送られてくるメッセージにごく普通の疑う気持ちを多く持っていました。おそらくもっと純真で素直な方なら、とっくに自分を信じてすすんでいたかもしれませんね。けれどそういったすぐには受け入れない気持ちが、この物質世界に意識をしっかり置いておくことができるベースにもなっていると思います。いわゆるグランディングといわれる、意識をしっかりこの現世に置くのはとても大切なのです。

私たちはこの現実世界に生きているわけですから、そこが希薄になることは少し心配でもあります。情報はこつさえつかめれば受け取れますが、情報そのものに振り回されてしまう危険があります。大切なのは光の情報を受け取り、現実世界に有効にその情報を活用できるかどうかです。（グランディングとは、精神的にも肉体的にも現実をしっかり受け入れることと思います）。

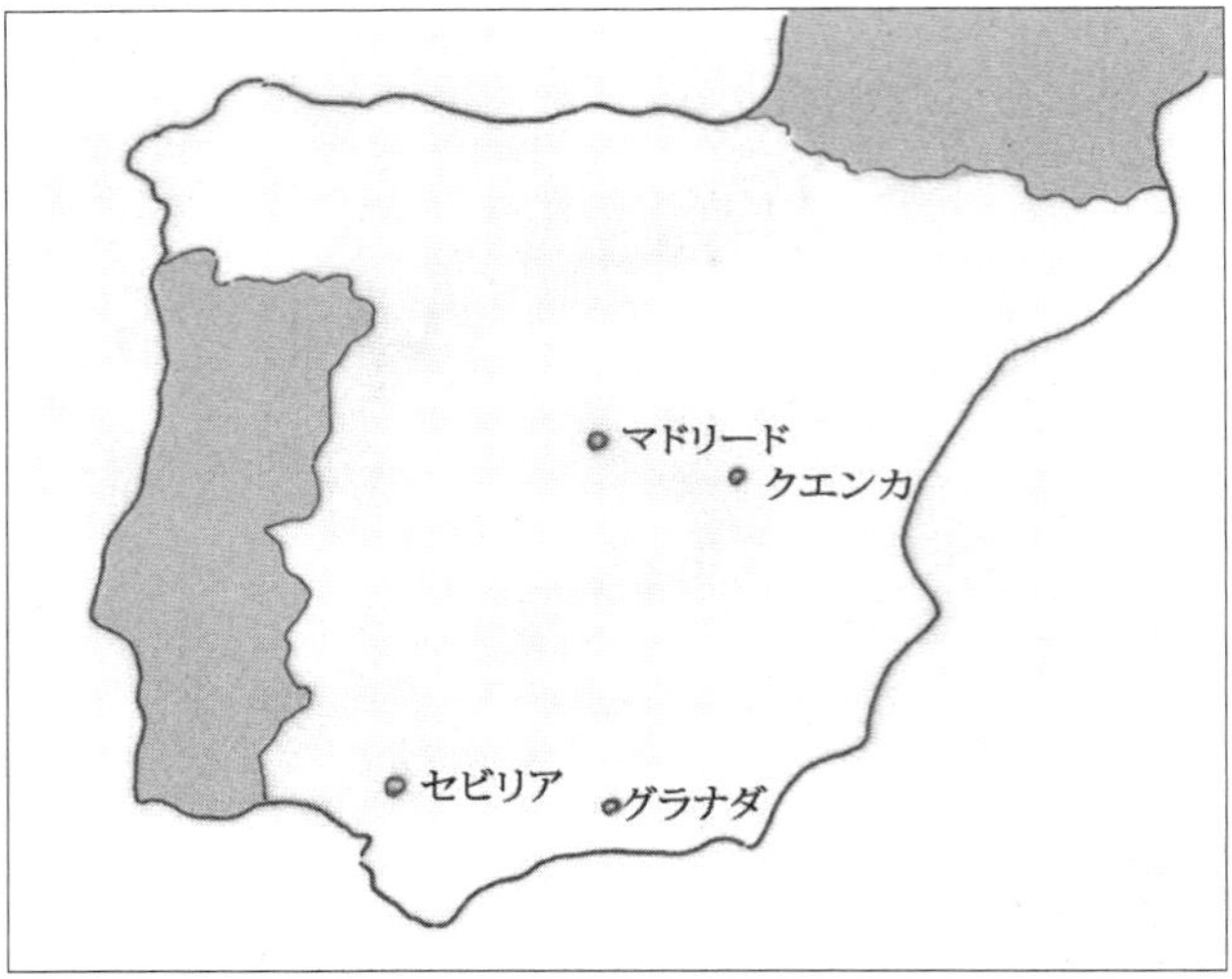

スペインの地図。おおよその位置がわかると思います

◆5章　前世旅行（スペインへ）

そんな流れで、スペインへ旅立つことになりました。本当に私は前世で、このスペインの地方都市に住んでいたのでしょうか。もしかして、偶然が重なっただけの妄想かもしれません。けれどあげまん美保ちゃんと楽しい旅行を通して、今まで見た前世のヴィジョンや情報がこの旅で確認できたらと思うと、心なしか今までの旅行とは一味ちがった高揚感がありました。忙しい仕事もなんとかこなして、出発の前日、最終の成田エクスプレスで成田に向かいました。

クエンカへ

成田に前泊して翌日朝の便でパリへ。

パリで乗り換えマドリッドへ行きます。このときは、成田からマドリッドまでの直行便がなかったのです。合計16時間の長旅です。加えて飛行機はもともと苦手です。窮屈ですし音もうるさい、おまけに私は若干の高所恐怖症です。

そんな私にとっては過剰なストレスにさらされ、16時間の移動に加えて離陸するまでにも手続きなどにかなりの時間がかかります。ですから飛行機の長旅のときはいつも座席に着いた途端、旅に出たことを後悔しだしたりしています。

それでもささやかな楽しみは機内食と映画鑑賞です。

今回はちょうど良いタイミングで16世紀ころのヨーロッパを舞台にしたエリザベス女王一世の映画『エリザベス・ゴールデン・エイジ』がメニューにありました。今回の旅の目的もあって当時のヨーロッパの様子を垣間見たりできるのも楽しいかと、さっそく鑑賞することにしました。もともとあまり歴史、特に世界史は得意ではなかったので、このころのヨーロッパの事情など知りもしませんでしたから、ちょうど良かったのです。

映画は1585年スペインがイギリスと交戦したことを中心に描かれています。当時大きな勢力をもつスペインのフェリペ二世は敬虔なカソリック信者で、プロテスタントのエリザベス女王との戦いは背景に宗教戦争も大きく絡んでいた時代のようです。

1585年といえば沖縄太陽君の情報の1604年に前世の私が34歳で修道院に入ったとしたら、私が15歳くらいの出来事という計算になります。

スペインはその当時、大国だったのですね。映画で見る限りですが、前世の15歳の私はこんな状況で生きていたのかしら、などと思いながらストーリーを追っていました。なんだか知識のない私への事前勉強みたいで映画は楽しく鑑賞しました。とは言うものの、疲れも手伝って時々眠ってしまいましたが。(笑)

やがてパリに到着。

パリの空港では乗り換えの手続き。フランスの入出国をすましてから、再びフライト。数時間飛行してやっとスペイン、マドリッドへ着きます。時差もあって空港からマドリッド市内のホテルに着くころはすっかり夜でした。慣れないパリの空港での入出国手続きや飛行機の乗り換えもあってヘトヘトになり、ホテルでは爆睡でした。

＊

翌朝、早速クエンカへ移動します。

飛行機の窓の下にスペインの街が広がります

朝食を済ませて駅に行き、特急列車に乗り込みました。ここでようやく、ひと段落しました。最初の目的地クエンカへ向かいます。

座席や車内は快適でしたから、やはり旅に来て良かったなどと勝手なことを思っていました。もともとクエンカ行きは予定していませんでしたが、移動ルートの効率から、スケジュールの初めに行くことにしました。

思えば妙な巡り合わせでクエンカなどという見知らぬ所を旅することとなり、そもそも思い込みの妄想から変なことをしているのではないかしら、と思ったりもしましたが、あの映像の風景が実際はどんなふうなのか、また、何か面白い体験があるか楽しみでもありました。

列車はマドリッド市内を抜けお天気もまあまあです。パックツアーでチャーターされたバスなどで効率良く移動するのも良いですが、私はその場所で電車や路線バスなどに乗るのが好きで、少しですがその場所の雰囲気を体感するのが旅の楽しみのひとつでもあります。車内の人々の様子や垣間見える生活感などはなんとも言えず、興味深いからです。

さてマドリッドを出発して車窓から見える風景を楽しみにながめていました。

市街を抜けると、民家もまばらになり車窓の景色はオリーブ畑が大半を占め出しました。オリーブ畑には時々日本と違う種類の羊の群れが見えたりしてなんとものんびりした感じです。

やがて車窓には空と遠くの丘まで広がるオリーブ畑と、時々見える羊の群れが延々続き、行けども行けども民家どころか人間の姿さえ見えません。「オリーブ、オリーブ、時々羊」の繰り返しに飽き飽きしてきたころ、いったいこのオリーブ畑は誰が手入れしているのだろうね？　などという会話に終始し、やがてその会話もとぎれ、クエンカに到着。列車は新市街の静かな街並みの中にある駅に停車しました。

特急列車でマドリッドから2時間半、やっと着きました。駅前からタクシーで10分くらい行った高い崖の上に、クエンカのパランドールがある、と聞いています。

駅前で乗り込んだタクシーは市街を抜け、入り組んだカーブする細い道を登り、やっとその道の先にあのパラドールの建物が視界に入ってきました。上り詰めた道の先に広がった目の前の風景はちょうどあのヴィジョンで見た崖の上の白い建物と、左右反転していましたが、とても良く似ているように思えました。ヘミシンクのワークショップ「一日体験」で初めて見たヴ

クエンカ駅に到着

クエンカ駅前からタクシーでパラドールへ

クエンカのパラドール

ィジョンのうち、印象的なひとつの風景「断崖の上の白い建物」と重なる目の前の風景に、なんとなく懐かしいような気持ちと、けれど気のせいでしょうか重い空気感を感じているとタクシーはパラドールに横づけされました。

タクシーを降りて周りを見まわしてみると、建物の先の崖の下は深い谷になっていて、下には道路があるようです。その深い谷を挟んで、対岸には、やはり切り立った要塞のような崖の上に旧市街地の家並みが並んで見えます。それは熱海の時の同室の方のスケッチにも描かれていた情景と同じです。

パラドールというのはお城や貴族の私邸、修道院など歴史的建造物を宿泊施設にした、国営のちょっと高級なホテルです。スペインに90か所以上あるパラドールの中で、このクエンカのパラドールは16世紀ごろ建てられた修道院だったそうです（サン・パブロ修道院）。このことは、私が前世でこの修道院に入ったという情報が現実的に思えたことのひとつでした。

切り立った崖っ淵側の建物は現在も教会のまま残っていて、その教会の建物の続きがホテルに改装され宿泊施設になっています。教会の入り口近くに行ってみましたが残念なことに教会の扉は閉められていて中は見えませんでした。

とりあえず、ホテルにチェックインして部屋に荷物を置き、ホテルの中を散策してみることにしました。部屋は二階でした、古い建物の廊下を通り階段で二階へ上がり部屋に入ると、中からは見晴しが良く窓からは崖を挟んで反対側の旧市街が見えます。荷物を置いて一階に下りてみる

教会の入り口

パラドールの中庭です

と、ぐるりと廊下があり、廊下に囲まれて中庭があります。中庭では小さな子どもが遊んでいて、ふとそんな風景から前世では、「娘だった空似ちゃんはこんなふうに遊んでいたのかしら」と思えてきました。そのとき、この廊下の風景に何となく見覚えがあるような、変な感覚がありました。

セミナーのときに見たヴィジョンの中にも、長い廊下の先の半円形の入り口のようなものがあったのに似ています。

それとこの旅行の2週間くらい前に、やはり映像で、おそらく空似ちゃんの前世である娘が見えたことがあるのですが、その子は肩までの巻き毛で、ワンピースのようなものを着ていて、うしろ向きにひざまづいて床を磨いていて、その廊下の先にも、半円形の入り口のようなものが見えました。

「ここの廊下をなんだか覚えているように感じるの、この廊下でその時の娘が床を磨いていた映像を

ヴィジョンと重なる
パラドールの廊下

旅行前に見た廊下の
ヴィジョン

見たのだけど、そのほの暗さや廊下の先の半円形のドアのようなものも見えた風景と同じだわ」と美保ちゃんに話すと「ふ～ん」とやはり流されてしまいました。

建物全体は重厚な歴史を感じるものでその中庭をぐるりと回る廊下を一回りしたり、二階を散策してみましたが、それ以外はあまりホテル部分の建物内部で、強く感じる印象があったところはありませんでした。ただなんとなく暗く重たい空気感を感じるのは私だけのようでした。

クエンカ旧市街散策

それから早速、外に出て旧市街を散策してみることにしました。パラドールから深い谷を挟んで対岸にある旧市街へは、両方をつなぐ高い赤い鉄橋を歩いて渡って行きます。

当時はこの鉄橋でなく、石の橋が架けられていたようですが、深い谷の上のこの橋は、下を覗くと足がすくむほどの高さで、スリル満点です。橋の対岸の崖の上の街は、旧市街と呼ばれているのですから、前世の私は、空似ちゃんを連れて教会に入る前はこの辺に住んでいたのでしょうか。天気も良かったせいもあり、高い崖の上の街は、歩いてみると意外と明るくて解放的な感じです。街は敵からの侵入を防ぐために道はかなり入り組んで作られたようで、目印もほとんどありませんから、地図を片手に何度も迷いました。要塞都市と呼ばれるだけはあります。周りにも同じように迷っている旅行者が何人もいます。

クエンカの旧市街

パラドールから見た赤い橋と旧市街

迷いながらも適当にぶらぶらしていると、偶然近くの教会から新郎新婦が出てきて、ライスシャワーの中を、車に乗り込むところに出くわしました。まるで映画の中の1シーンみたいです。お祝いの人々の中で幸せそうな新郎新婦。親戚や友人らしき人々に囲まれてウエディングドレスのまま新婚旅行なのでしょうか。見ず知らずのカップルでしたが、そのお祝いムードになんだか気持ちが楽しくなってきました。

（トオイムカシ、前世の私もこのへんで結婚式をあげたのかしら……）そんなことがふと頭をよぎります。ラッキーな出会いにちょっと盛り上がって、またまた元気に市街探索をします。明るい太陽の下のヴェージュ色の塗壁はなんとなく優しく、密集して建てられた民家の家々から陽気な生活感が伝わってきそうな感じです。地図をたよりに旧市街の外れの展望台まで行き、折り返して赤い橋の近くまで戻ります。

迷いながらでしたし、坂道の多い歩きづらい石畳の街をそれでもだいたい一回りするとすごく疲れてしまい、お腹も空いたことですしどこかでお昼にすることにしました。けれど古い街で、散策している時もあまりレストランやカフェのようなところは見当たりませんでした。ちょうど橋の袂には「宙吊りの家」と呼ばれているレストランがあります。

「宙刷りの家」はクエンカの有名なレストランで、パラドールと谷を挟んで旧市街の崖にせり出している、3階建ての古い建物です。

別に建物が宙吊りになっているのではなく、バルコニーが断崖に張り出しているのですが、バ

橋の袂にある
宙づりの家

宙づりの家からの眺め。
バルコニーから下を覗くと足がすくみます

ルコニーから下を覗くと、下が断崖で足がすくむぐらいです。予約がないとなかなか入れないそうで、日本から予約をしてきていませんでしたから、たぶん入れないだろうと思いながらも、中を覗くと運の良いことに待っている人がいません。さっき見かけたときは行列ができていたのに……。

お昼時を少し過ぎていたのもあったのでしょうか、ウェイターらしき男性が少し待てば案内できると、身振りで教えてくれました。他に適当なところも無さそうだし休みがてら待つことにしました。それでも20分くらい待たされましたが、案内された席はラッキーなことに、予約でもなかなか取れない、パラドールの絶景が一望できる窓際のテーブルでした。

お腹もぺこぺこでしたし折角なので、目の前のパラドールの教会側の崖の絶景を眺めながら、名物料理をゆっくり堪能することにしました。残念ながら、メニューもウエイターもスペイン語でチンプンカンプンでしたのでお勧め料理をお任せにすることにして、軽い食前酒で待っていると、なにやらチーズに、蜂蜜みたいなのがかかった料理が出てきました。良くスーパーなんかで売っている直径10cm厚み2cmくらいの大きさの丸いチーズに似た形で蜂蜜がかかっていて、一人一個なのです。

ちょっと大きいよねなどと言っていましたが、食べてみるとくせのないクリーミーな味のチーズに蜂蜜が良くあってとても美味しい。それぞれ完食して次は、下味のついた骨付き豚のブツ切を揚げた料理で、皮のところがパリパリしてなんとも良い食感です。これは、今でも美保ちゃんと、もう一度食べたいね、などと話すくらい美味しかったです。（この豚肉の味は、野生のイノシシの肉の味に近く、当時の食材に近い可能性があります）

デザートもいただいて、このときは食欲全開でしたし絶景の景色を堪能しながら、ゆっくりした時間の中での食事に大満足していました。後になって、この席に座ることがとても重要なことだったと分かるのですが、このときはやはり、そんなこととは知りませんでした。

お料理をゆっくりいただきながら、この旧市街で暮らしていたかもしれない前世の私は、パラドールになっている教会をこちら側からこんなふうに眺めていたのかしら、などと思っていると、現実的な美保ちゃんが何気なく「昔は教会って、駆け込み寺みたいだったのかしら？」と言います。その言葉でふと気づいたような気がしました。

（そうか！　私は、前世でなにか悲しみに暮れて、神さまにおすがりするために教会に入ったのかと思っていたけれど、もしかして、逃げ込んだのかもしれない）と、気が付いたのです。不思議とその方が腑に落ちるような気がします。

考えてみると、今の日本のように女性を保護する行政の施設というのは、なかったと思いますし、日本でも昔はお寺に逃げ込んで保護してもらう、駆け込み寺などがあったと聞きますから、教会に助けを求めて逃げ込んでも不思議ではないわけですね。

そんなこともあって、思いがけず入れたレストランでの美味しい食事と素晴らしい景観を堪能して、楽しい時間を満喫したのです。補足ですが、この旅行を終えて帰国してからすぐに、この旧市街のような街並みをぐるぐる走って逃げる夢をみました。

こんな街並みを駆け回る夢でした。

だいぶゆっくりしたおかげで疲れも取れて、新市街へ飲み物などを買いに行くことにしました。来るときはタクシーで来た急坂ですが下りなので歩いて行きます。小川沿いに下って行き、駅近くの新市街に行くとそこは静かなスペインの地方都市です。小さな街ですからあまり混み合ってもいませんし、こじんまりした店が少し並んでいます。

ある一角の路地に沿った、そんな小さなお店が何店舗か連なった場所に来たときです。どういう訳か突然、ずーっと昔に見た夢を思い出したのです。

それはもうとっくに忘れていた夢ですが、その三軒ならんだ店が、中でつながっていて

街並みを駆け回る夢に出てきたような風景

行き来ができて、とくに一番右側の店で私が働いていた夢なのです。

　ほんとに昔の夢でしたが店の中の情景や、その時の気持ちなどが一度に思い出されます。手前の歩道のところなど夢のままです。ただ、その夢はスペインの１６００年ころという感じではありませんでした。

　補足ですが空似ちゃんも、この前世についてその後いろいろ思い出したことをメールしてくれたのですが、それによると当時私は仕事に出ていたようです。良く言うデジャヴとは少し違いますが、感情の深いところでリンクするような不思議な体験でした。

　夕暮れになってホテルにもどり、夜は買ってきた物とテイクアウトしたランチの残りなどで部屋で夕食にしました。すると旧市街のほうがなんとなく賑やかで、バンバンと大

昔に見た夢と酷似していた新市街の店の風景

きな音がしています。何事かと翌日フロントで尋ねると、何かのお祭りだったそうです。

さて、ここでの体験は一見、劇的なことはないように思えますが実は体験したひとつひとつがとても重要な意味のある体験だったことに気付かれましたか。

よく、旅先でデジャブを体験し劇的に前世を思いだしたり、抑え込んでいた感情がこみあげてくる体験をされた話を聞きますが、私の場合、一日体験での建物の映像とパラドールが同じ風景に思えたり建物内部の廊下とビジョンが重なっていたり、新市街で見た景色が夢の風景と同じで、それを強烈に思い出した以外は、さほど劇的な展開ではありませんでした。

けれど偶然入れたレストランや口にした郷土料理、パラドールの崖側を見ながら美保ちゃんから聞いた一言、楽しげな新郎新婦、たまたま催されたお祭りなど、小さなひとつひとつが封印された感情のデータを解凍するためにはとても大切なステップだったということを。

もし、この旅行で今の人生に影響している前世を読み解くという目的を意図していなかったら、この小さなひとつひとつに意味があるとは気が付かないで終わったかもしれません。

前世旅行をされるのでしたら、そんなささいな出来事にも重要なメッセージがあることに気づいてください。必要以上に神経質になるのでなく、むしろ自然に流れに乗る感じで良いのです。そしてリラックスして旅を楽しみながら、少し何気ないことにも意識をむける感じで良いのです。そして、体験していることに素直に反応する気持ちを大切にしてください。

そんなことで、何気ない旅行がトオイムカシの体験や感情というデーターにつながる鍵になる場合があります。カメラで名所旧跡や観光地を撮影される合間に、何となく心ひかれた何気ない風景や、花や動物、懐かしい気持ちになる民家などを撮影されたらいかがでしょう。つまり自分の心に感じるものに意識を向けるのがポイントです。もちろん名所旧跡に心惹かれたらそれも大切です。

ただ、よく亡くなられた方にアクセスしその意識に同期すると、一般的に有名なところでなく、何気なく暮らした生前の家の部屋から眺めた風景や花、地方の名もない料理や日常品のようなものが思い出としてありがちです。あなたが前世で暮らしたそこでの何気ない日常に、その鍵が潜んでいると思うのです。ですから、そういったものが、そのときの感情や思いに通じる大切な鍵であることが多いからです。

さて、翌日はマドリッドからセビリアに移動です。

朝、建物の周りを一周してみると、道の脇に糸杉が並んでいます。この木は太陽君の絵にも描かれていました。

絵と違うのは、横の道は舗装されていましたが昔はジャリ道だったのかもしれません。

ホテルの玄関先で迎えのタクシーを待っていたときです、すぐ横に教会があるのですが、なんとそれまで閉まっていたその教会のドアが開いていて内部が覗けたのでした。

近寄ってしばらく教会の中を垣間見ながら（トオイムカシ、私はここでお祈りをしていたのかしら）と思えてきて、なんだか少し敬虔な気持ちがしてきます。偶然見えた内部でしたが、偶然というよりなんだかわざわざ見せていただいたのでしょうね、そんな気がして不思議とこの体験に感謝する気持ちが湧いてきたのです。そうしているとちょうど迎えのタクシーが到着し、車に乗り込みクエンカとお別れです。

セビリアへ

クエンカからはまた列車で一度マドリッドに戻り、さらにマドリッドからセビリアまでＡＶＥ（新幹線）で二時間半の快適な旅です。

またまたオリーブ畑を走り抜けて南に向かいます。

カルメンで有名なセビリアに二泊することにしていました。特に予定はありませんでしたから、適当にぶらぶらして、歴史的建造物の「ピラトの家」と「大聖堂」を見物することにしました。

ピラトの家は15世紀頃に建てられた貴族の家で、ムデハル様式、ゴシック様式、ルネッサンス様式の融合した大変美しいイスラム風の二階建ての建物です。中庭から建物の内部や二階にも上がれて、彫刻などの美術品が飾られています。なんでもキリストを磔にする判決を下したローマ総督の名前からピラトの家と呼ばれたようですが、実際にピラト氏の家ではないそうです。

案内に従い二階に上がって、その装飾の美しさを見物していた時、窓から何とはなく外の風景を見ていると、少し先の建物の中庭の周りの廊下をシスターが通っていくのが見えました。

そういえばスペインについてから見かけた何人かのシスターは、ヴィジョンで見たシスターと着ている物が違っていましたが、この廊下のシスターはヴィジョンと同じ黒い服です。太陽君のメモとも似ています。ちょっと不思議な感じがしました。

それから世界遺産でもあるスペイン最大といわれるカテドラルの大聖堂に立ち寄りました。建物はとても大きくて、見上げるとその重厚さに圧倒されます。なんでも、当時のカトリックの偉い方々が、「正気の沙汰ではないような、大きな聖堂にしよう！」とかで建

ピラトの家、と言われる建物

てたそうなのです。聖堂内部には有名なナポレオンの棺や世界最大級の黄金で作られた祭壇衝立があり、その衝立の中央には聖母マリアが鎮座しています。スペインには4世紀頃からマリア信仰が盛んで、セビリアはその中心地だったようです。

内部から見上げる天井は遥かに高く、細密な装飾を施した幾つもの祭壇や展示品が飾られていてなんとも荘厳です。

美保ちゃんが「すごいね~死ぬ前に素晴らしいものを見せていただいた!」などと変な感想を呟きます。現実的な美保ちゃんは、ここではなんだか謙虚です。

大聖堂に隣接して「ヒダルラの塔」と呼ばれる鐘楼があります。この地には以前巨大なモスクが建っていてそのモスクの尖塔に増築する形で作られたそうで、モスクを破壊した後に教会が建てられているのですが、建物自体にモスクの名残がいくつか見られるようです。塔の上まで登れるのですが、徒歩でスロープをぐるぐる廻りながら登らなければなりません。簡単に考えて登り始めましたがこれが意外と大変です。ぐるぐると廻る途中で何度も疲れてめげそうになり、立ち止まって休んでいると、上から下ってくる観光客から励ましていただき、休み休み何とか登った塔の展望台からはセビリアの街が一望できました。

その高い塔の上から眺める晴れたセビリアの街ははるか遠くまで広がり、暖かな風が心地よく吹き抜けてゆきます。トオイムカシの空の色や風は今と変わらないものだったのでしょうか、クエンカからセビリアまで、電車で移動してみるだけでもスペインは広い国なのだと思えました。

カテドラルの大聖堂

大聖堂内部の祭壇衝立

大聖堂に隣接する「ヒダルラの塔」。
上まで登れる

塔の上から眺めるセビリア

翌日もセビリアの街中を散策しましたが、印象的だったのはセビリアでは、マグダラのマリアの人形がいたるところに飾ってあるのを見かけ、街全体になにか宗教的な匂いを感じたのです。

グラナダへ

私は普段、旅行は結構適当で、きっちりスケジュールをたてないのですが、ヨーロッパが初めての美保ちゃんの希望で、アルハンブラ宮殿に行くことは予定していました。セビリアからアルハンブラ宮殿のあるグラナダへ移動して、ここでも一泊します。二月とはいえスペインの南側のアンダルシアは、日本の春のように暖かです。

街には実の成ってるオレンジの木の街路樹があって、人々もおおらかな感じです。実際出会った人は、親切であまり細かいことは気にしないような印象で

早春のアンダルシア

グラナダ駅にて

した。食べ物も、米料理のパエリアはじめ魚介類を食材にしたものも多く、日本人の口には馴染みやすいですし、バールと呼ばれる居酒屋風の店が立ち並び、気軽に食事ができるのも魅力です。ここの風習はランチが済むとシエスタという昼寝時間。ですので、夕方まで店は閉まってしまうことが多く、夕方から夜中まで賑やかに飲んだり踊ったり、陽気に過ごします。

スペインの魅力に惹かれて、リピーターが多いと聞きますが、わかるような気がします。このころ生きていた私はやはり、もともと陽気な気質だったように思うのです。修道院に入ったとはいえ、けっして宗教に帰依して信仰心厚い気質だったとは思えないのです。このグラナダの街の雰囲気がなんとなく馴染めるような気持ちでした。

グラナダの夜は、せっかくなのでフラメンコを見に行こうということになり、レストランなどの舞台の上のフラメンコが観られるタブラオでなく、洞窟で暮らすジプシーのフラメンコを見に行くことにしました。

狭い洞窟の中には、鍋などが飾られていて、観客はその壁に沿って一列に椅子に腰かけ、そのすぐ目の前の手が届きそうなくらい近くで踊るジプシーのフラメンコは、素朴でとても情熱的です。ダンスが盛り上がると観客の中から踊り手の中に引っ張り出されたお客が一緒に即興でフラメンコを踊ったり、ともすると足を踏まれそうなくらい近くで踊るフラメンコに圧倒されて、スペインの夜を満喫しました。ショーが終わり、洞窟の外に出て夜の対岸の暗闇の中に幻想的に浮かぶアルハンブラ宮殿をカメラに収め、送迎のバスでホテルに戻りました。ホテルの部屋でカメラをいじっていたときです。先ほど写したアルハンブラ宮殿の映像にオーブらしきものが映っているのに気が付き、拡大してみたのですが、なんとも不思議な映像でした。

翌日は一日アルハンブラ宮殿観光です。有名な観光スポットなので入場チケット売り場も列ができていましたが、なんとか無事入場してその広大な庭や建物を散策していると、春の訪れを知らせてくれるように、庭園や建物の内部のあちこちに可愛らしい生き物を見つけました。

オレンジの街路樹があるアンダルシア

街中のフラメンコ衣装店

ジプシーのフラメンコ

あっというまにこの旅も終わりにさしかかり、次の日はマドリッドに戻ります。マドリッドでは、大好きなミロの絵やピカソのゲルニカなどを鑑賞し、お土産などを物色して帰国の途につきました。実際には、とても快適で楽しい旅行でした。

英語もほとんど通じませんが、道などを尋ねてもみんな親切で、食べ物も美味しかったですし、もしかしてスペインに行ったら、デジャブ（既視感）の連続で、大きな悲しみが思い出されて辛かったなんてことが起こるのか少し心配でしたが、そんな強烈なこともなく、この旅行はやっぱりただの観光旅行だったのかしら、などと思ったのです。

けれどこの後、この旅がスペインの前世の全貌が見えてくる体験へとさらにつながっていったのです。それはこの前世旅行の本当の目的を知り、一見わざわざ前世の場所へ旅行するという回りくどい体験が、効率良く次のステージのために用意されていたことに気づく体験でした。

夜の宮殿に写ったオーブ（マンダラ図をイメージするようなオーブ）

アルハンブラ宮殿の庭の小さな生き物

◆6章　パズルの嵌め込み

そんな楽しい旅行でしたが、旅行中にスペインでの前世の記憶が全部蘇ったわけでもありませんし、びっくりするような凄い体験をしたわけでもありませんでした。けれど、旅行に行ってきた後はどこか気持ちが軽くなったような感覚があり、やはりただの観光旅行とは体感した感覚が違うのです。

以前沖縄太陽君から、スペインに行ってその悲しみを解放すると、作品作りがさらに良くなるという情報をもらっていました。ちなみに私の生業はジュエリー・アーティストです。かれこれこの仕事をさせていただいて40年近くになります。主に自分の感性をジュエリーに表現した、オリジナル・ブランドを展開しています。

帰国してから「オープン・ザ・ハート」というタイトルで新作を作ってみましたが、たしかに作品も少し変わったように思います。そしてこの後、たまたま受けたヒプノ・セラピー（催眠療法）で、この前世の抜けていたピースをはめ込むことになります。

ヒプノ・セラピー

旅行からもどって一か月ほどしてから、たまたまヒプノ・セラピーの被験者になったときのことです。それは、ほんの遊び感覚でリラックスして受けたのです。ＴＶなどで見た記憶はありますがヒプノセラピーを受けるのは初めてです。

セラピストさんの誘導で、すぐにヴィジョンが見えます。

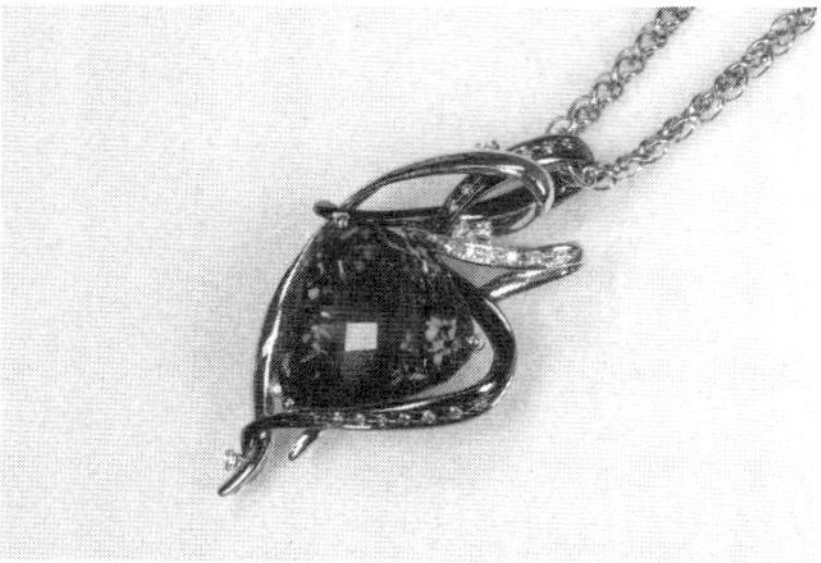

沖縄太陽君が言っていた紫の宝石で作ったハートモチーフの作品

ヒプノセラピーについて誤解のないように少し書き添えますが、被験者（この場合私）は椅子やベッドに横たわりリラックスした状態でします。横にセラピストがいて誘導します。誘導といっても被験者の意思が操られるなどということはなく、普通に会話する感じです。つまり被験者の意識はしっかりしていて、そこで起きている状態も把握できていますし、受け答えも自分の意思でできます。つまりセラピストは被験者の自分の内面に意識を向けるように言葉でサポートします。ですから意識の無い状態でコントロールされるわけではありません。ただ、自分の内面に入ることがすぐにはできない場合も多いようです。(セラピストとの相性もあると思いますが、私の場合このころは、変性意識状態になることにかなり慣れていましたから、すぐ映像が見えました)

やがて、前世に入る誘導に合わせて、スペインでの人生にアクセスします。見えた、というより自分がその状態にいる感覚です。

実はこの変性意識状態での体験はヴィジョンが見える状態がすすむと、まるでそこにいるような感覚になります。現実世界よりそちらがリアルになるわけです。

体験できた状態は、私が暗い石の壁でできた台所に一人で座っている40歳くらいの修道女でした(下イラスト/現代の40歳くらいと違ってかなり老けた感じです)。ここは自分の家ではありません。

その暗い部屋の半円形の入り口から外が見えます。なんとなく活気のない、垂れ込めた空気感があ

ヒプノ・セラピーでみた修道女

り、ひとり、ひとりという孤独な思いが、強くあります。あの、クエンカのパラドールには、こんな台所のような所はありませんでしたから、旅行に行った印象で想像しているのではないのですね。そこが台所であるということは、わかるのです。

「わかる」という表現が近いのでこの体験をそう表現することにします。足元は堅い木のようなものでできた靴を履いていています。着ている服は、首の詰まった質素な服です。この人生への、後悔と淋しさ悲しみの思いが、心を占めています。

「自宅に行きましょう」というセラピストさんの誘導に、さっきとは一転して空気が輝き、楽しい気持ちに包まれます。説明が細かくなりますがセラピストさんの言葉の誘導はそれだけですから、体験しているその状態はセラピストさんと関係なく自分で認識しているわけです。

　この前世（下イラスト）の20代後半のとても明るくて、健康的な女性になります。

ヒプノセラピーで見た前世の20代後半の明るく健康な女性と娘

服装も華やかな女性らしいおしゃれな服を着ています。肩まである黒い巻き毛に、胸元が開いたギャザーのたくさんある洋服を着ています。それはベージュの地に細かい模様が入っています。足には現代風のサンダルのようなものを履いています。横にはやはり巻き毛の黒髪で、とても可愛らしい娘が見えます。

修道院の廊下を拭いていたヴィジョンの娘より、少し年齢が若いようです。明るく可愛い女の子です

私は仕事から帰ってきたところです。家の前の様子が見えます。

クエンカの旧市街でみかけた白っぽい壁の家の前にあったような鉄製の門が見えます。家の中に入ると、そこは今でいうダイニングキッチンのような部屋で、娘と夫とでテーブルを囲んでいます。楽しい雰囲気です。

夫を見ると、ひげをたくわえた体格の良い男性です。

(私はなんとなく髭をはやした男性が苦手ですが、この人生の影響でしょうか?)

テーブルをはさんで親子が楽しそうにしているヴィジョン

夫は仕事はしていません。何かの事情で今は働いていないのです。そのため、私は幼い娘を置いて働きに出ています。でも、そんなに辛くはありません。自分が頑張ることで、この家庭は幸せなのだと思っていますから。

「その夫と娘さんは、今生で誰だかわかりますか？」

はい！　はっきりとわかります。やはり「わかる」のです。今生でのその人と瞳が同じなのです。

「この人生で起きた問題の場所に行きましょう」

セラピストの誘導に意識を替えます。

すると認識できる状況は、クエンカで見たあの修道院の断崖の崖側になります。宙吊りの家の食事の時に見ていた景色と同じ崖の風景ですが、下は道路ではなく、川が流れています。

（クエンカに行った時は、川は見えませんでしたが、後で調べると小さなウエカル川という小川が流れているのがわかりました。当時はもう少し大きかったのでしょうか）

そしてその崖の下の川べりの石ころの上に愛する娘が横たわっています。

教会から落ちて、死んでしまった……。

……なぜ？

………なぜ？

わかりません
「この人生の終わりに行きますか？」というセラピストさんの誘導に、これ以上は受け止められない気持ちが強くなり、それ以上はやめました。説明したように誘導に従わなければいけないのでなく、自分の意思で決められます。

（このセラピーの次の日のことです、日中になんだか泣けてきました。なぜだかわかりません。ただ、涙が流れて止まらないのです。心の中からこみあげてくるような、悲しみを閉じ込めてしまっていたのかもしれません）

セラピーは別の角度でさらに続きます。

この人生で、私は家族を愛していたのになぜこんなふうになってしまうのか。

なにがいけなかったのか……そんな思いがしてきました。

そこでこの夫の意識に同期してみます。すると不思議に感情ががらりとかわり、彼の気持ちになります。

彼の辛さ、苦しさ、愛情も感じます。

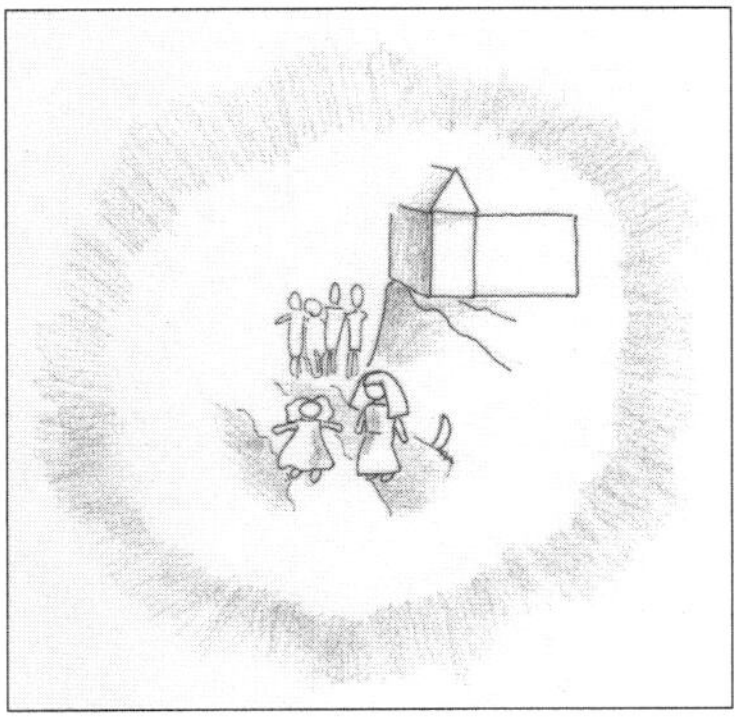

崖の下で娘が倒れている

彼のほうから見ていた私は、私が考えていた状況と違います。

自分の居場所がないような、プライドが壊されたような、妻に対しての複雑な気持ち……そんな思いが認識できるのです。

それは興味深い体験でした。そしてそのことで、自分の置かれた現実がまるで違って受け止められてきたのです。

（こんなふうに私をみていたの）

（ごめんなさい、辛かったのですね）

日頃、私はここまで他人の気持ちになってみることはできません、ある程度の想像はできますが、それさえも自分の持っている尺度や状況認識がしっかり根っこにあって、頭の中で想像する範囲です。つまり今起きている現実を自分の視点から見ることからなかなか離れられないのですが、このときはまるで自分がこの夫の体に入ったように違って見えるのです。データによる状況認識や計算式のような判断の尺度というソフト自体がすべて入れ替わった感じです。

私には楽しい家族の団らんも、彼は、違う気持ちでいたのだとよくわかります。

（空似ちゃんからも教会の塔の階段を登り、そこから飛び降りる前世の自分にアクセスしたというメールをもらいました）

そんな自然な流れで体験したヒプノセラピーでした。

けれどヒプノセラピーで普通これほど明確にその記憶を思い出すことは難しいかもしれません。それは優れたセラピストにセラピーを受けても、自分の意識がブレーキをかける場合も多いからです。もちろん私自身が変性意識状態に慣れていたこともありますが、実はこのヒプノセラピー体験がスペインの前世旅行の後だったことに、とても重要な意味があることに気が付かれましたでしょうか。これまで、このスペインでの人生の全貌が見えなかったのは、私自身が情報を受け取る能力がなかったこともありますが、なにより大きく影響していたのは、その体験を自分で、意識の深いところで封印してしまっていたからなのです。

あまり思い出したくない出来事があって、それを忘れようとしたり別のストーリーに書き換えたり、記憶から消してしまいたい感情があったようです。

つまりスペインでの前世旅行で、そこを訪れて、楽しくて心地よい体験をしていくうちに、それが呼び水となって、封印していた（忘れようとしていた）感情や出来事を思い出すきっかけになった、もう一度意識の上に上げることができた、というわけです。まとまりのなかった旅先での出来事が、旅行の後に効率よく整理されるような流れが用意されていた、というわけです。スペイン旅行に行かなければ、ヒプノセラピーやヘミシンクを駆使してもなかなか封印を解くことは難しかったと思います。

私のこの体験はちょっと特別に思えますが、こういったことは、実はよく起きているのです。

たとえば、あげまん美保ちゃんはとても現実的な人でこういったスピリチュアルなことに懐疑的であり、興味も持っていません。そんな彼女が、自分へのご褒美として最近海外旅行に行くことを楽しみにしています。まだそれほど多くの国を訪れた訳ではないのですが、あるきっかけからイギリスに短い間に二度行くことがありました。

二度目は私と行ったのですが、美保ちゃんは「私、なんだかイギリスがとても好きなのよね、日本に帰らないでこのままここに居たいくらいなの」と折に触れ言います。明確な理由があってそう思うのでなく、なんとなく居心地が良いそうです。そして美保ちゃんの興味の対象は、旅の途中で目にする昔の日常品やアンティークの生地や雑貨などです。名所旧跡ではないのですね。

実は彼女はイギリスの田舎で少し体の弱い女性の人生を送っていたことがあるのですが、それを信じなくても、意識のどこかに当時の思いは残っているのですね。

また、別の友人のタッちゃんはやはり還暦を迎えましたが、若いときからプレスリーのファンで、彼のお墓のあるメンフィスを何度か訪ねたそうです。メンフィスに着いたとき、なぜだか胸が締め付けられるほどの切ない感情を味わったそうです。タッちゃんはここで黒人の人生を送ったことがあり、奴隷としてこの地に連れてこられた思いをゴスペルで歌い、そんなソウルを秘めたプレスリーの曲に心惹かれてメンフィスまで旅したのですが、タッちゃんの深い意識の中の、そんな持ち越した思いがここに導いていることは気が付いていないのかもしれません。

あえて前世旅行を意識しなくても、こうした体験をした人は意外に多いと思います。そして自分ではっきりと認識していなくても、その追体験でもう必要でなくなった持ち越した思いを手放して解放しているのです。

なにかのきっかけで訪れた場所での、自分の感覚を大切にしてください。特に何かを無理して感じなければいけないのでなく、「なぜだか、居心地がいい」「なぜだか、切ない」という何気ない自然な思いを大切にしてください。そしてそれを少し意識して覚えていたり、記録してみてください。それが旅行に隠された、前世を解くためのカギの一つだからです。

もちろんあまり感傷的になって物語を作り上げ、それが前世なのだ、などと極端に思い込むというのでなく、ごく自然に旅行した際に感じた少し現実の状況とは違う感覚です。そういった感覚はとても繊細で微細ですが、本人にとってはごく自然で、ともすると見落としてしまいます。

ここでご紹介した、美保ちゃんやタッちゃんのように、なぜイギリスが居心地良いのか、メンフィスが切ないのかを意識の上にあげてみると、隠された前世が導き出される切っ掛けになります。そこを手掛かり（ヒントに）にヒプノセラピーやヘミシンク、前世リーディングを利用されるのも良いと思います。

ハットリ君との再会

その後、熱海のセミナーで出会ったソウルメイトの忍者ハットリ君と、ほぼ一年ぶりに会うことにしました。会って、確認したいことがあったからです。それは、彼の印象です。初対面の方に持つ印象は、前世の体験が影響することがあるからです。

いろいろ思い出して、その辛い想いを手放したとしたら、その方の印象がどう変わるのかしら？って思ったので、会っていただくことにしたのです。

久しぶりの再会で待ち合わせ場所に現れたハットリ君は、思ったとおり熱海のときと違う印象を受けました。

あたり前なのですが、ごく普通の真面目な男性でした。

ハットリ君も私の印象が違うと言います。

やはり、私の何かが変わったのかもしれません。不思議な気持ちだった初対面の際のあの印象はまるでないのです。

ハットリ君は前世で同じ体験を共有したのですが、私とは違う側面を体験していたのかもしれません。今ではあまりその前世は思い出さないそうで、スペインで写してきた写真を見ていただいても、細かい感想はないようでしたが、写真に写っていたスペインの空が懐かしい気持ちになると言っていたのが、印象深かったです。ちなみにハットリ君は学生の時に、とくに理由はなかったけれど第二外国語としてスペイン語を選択していたそうです。（笑）

ハットリ君とお別れして、一週間後くらいでした。名古屋に仕事で出張したときのことです。

いつものホテルが予約できず、初めて泊まることになった別のホテルの前の通り向かいに、神社が見えました。良く見ると、白龍神社と書いてあります。バージニアのセミナーで見た「五つのメッセージ」のヴィジョンに現れた、白い龍のことを思い出します。

名古屋に着いた日は土砂降りでしたが、翌日は雨も上がり、朝、仕事前にお参りして、いろいろお礼を申し上げたくなったので、その向かいの白龍神社にお参りして、鳥居をくぐってホテルに戻ろうと振り返ると、神社のすぐ裏にある別のホテルの看板が目に入りました。

なんと「ホテル・パラドール」。

なんだかおかしくて、ひとりくすくす笑いながらホテルに戻りました。上からのメッセージはこんなふうに、粋な計らいが仕組まれているのですね。

さてスペイン旅行やヒプノセラピーで、いろいろな体験をしましたが、体験にはさまざまな意味が隠されていたわけです。今の私の人生で体験することの意味を解くために必要なジグソーパズルのピースが、ひとつひとつ手渡されていったのです。バラバラのピースをつなぎ合わせることで、パズルが完成していくのです。そして、ひょんなところで、パズルのピースはさらに手渡されることになりました。

格上スタッフさんの神父

スペインの旅行からからだいぶ経ってからのことです。ヘミシンクのワークショップで熱海のときの格上スタッフさんと再会しました。

そのころには、私は熱海での初めてのセミナーでグリーンのスカートの女の子の幽霊とのアクセスらしき体験をしてからいろいろの霊たちとのアクセス体験をするようになり、自分のヴィジョンもかなりな情報量になってきていました。

そしてやはり、初めて熱海で見たガイドとして現れるいろいろな「靴」はその後もさまざまなヴィジョンの端々に現れていました。さてこの靴として現れるガイドは例えばヴィジョンとして受け取る情報の隅にちょっと現れるといった感じです。自分が上からの情報として見ている映像の一部に、それも片隅にちょっと認識できるというようにです。パソコンのモニターの画面に現れるお知らせみたいな感じですね。

久しぶりにお会いした格上スタッフさんは、相変わらず頼りがいがある印象です。セミナー中忙しそうに、参加者のサポートに走り回っていました。そしてセミナーの後半のことでした。格上スタッフさんは私に話があると声をかけてきました。セッション中に重要な情報が受け取れたそうです。

「ぼたんさん、実は僕も、あの前世に参加していたのです」

と言います。なんと格上さんもスペインでの人生に関わっていたようです。そして私に、「受け取った情報を、ぼたんさんにお伝えしてもいいですか?」と確認してくれました。(受け取った情報を伝えるときに、本人にその承諾をとるのが大切だからだそうです)

私は、こうなればなんでも大丈夫ですから、もちろんお話を聞くことにしました。

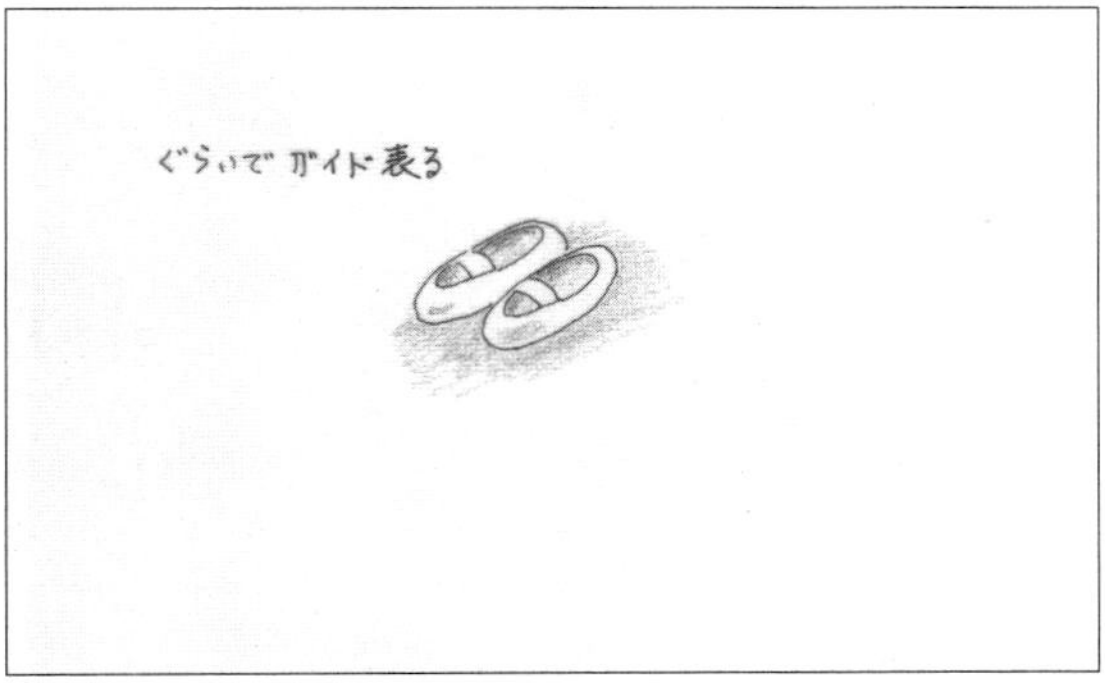

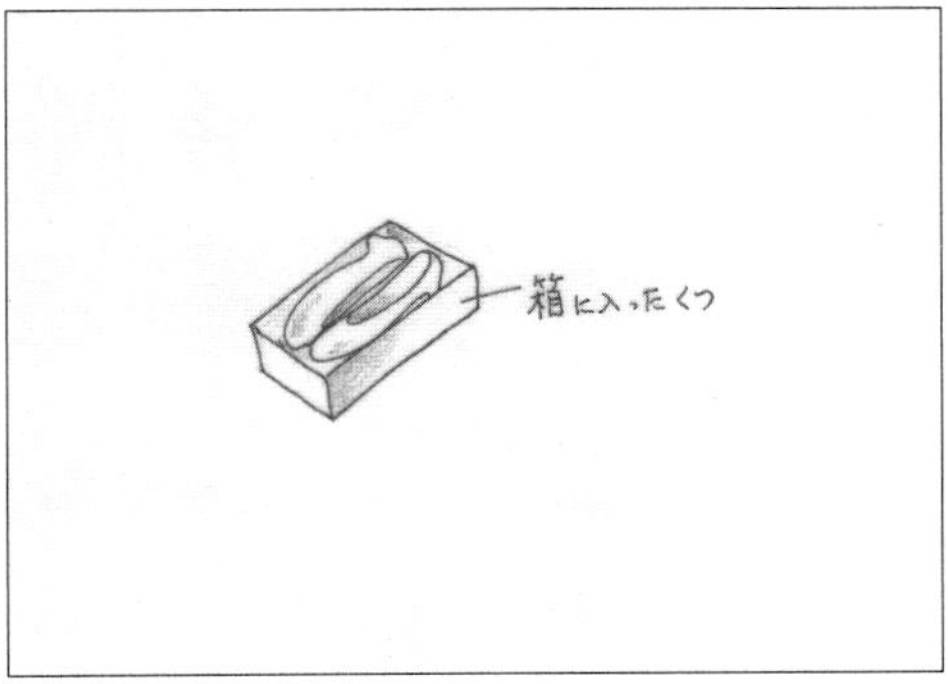

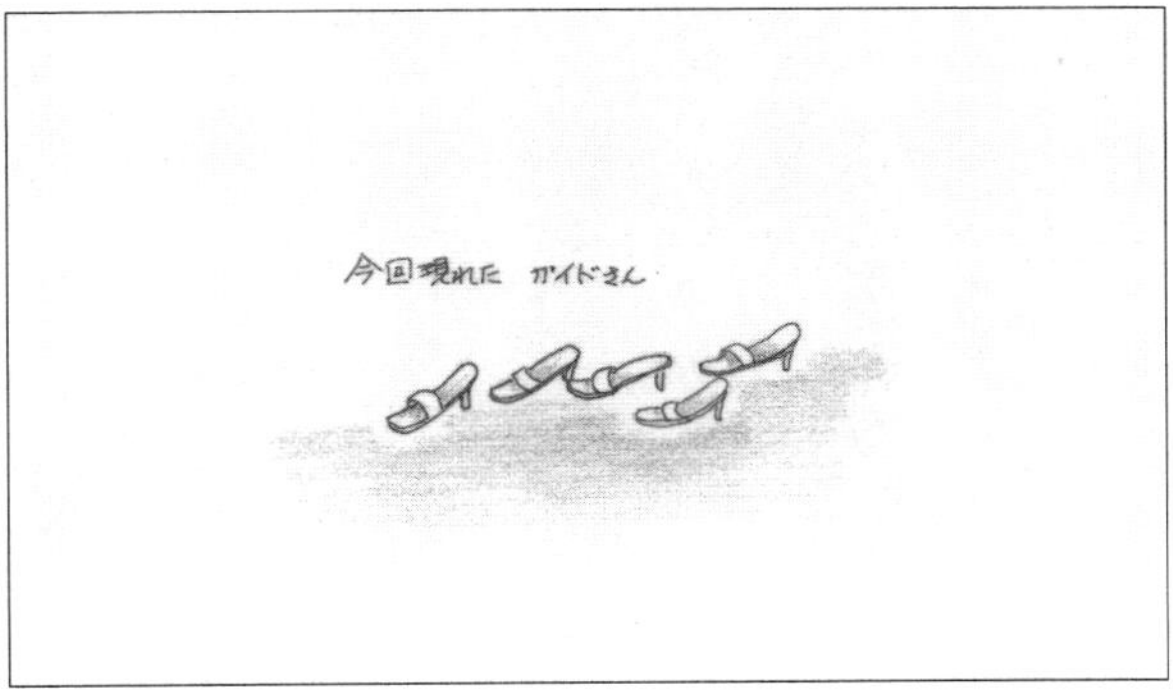

ヴィジョンの端々に表れた「靴」

つい先ほどのセッションのことだったそうです。格上さんはあのスペインの前世の時代に、同期したようです（ヴィジョンで見えるというより、そのことを追体験しているような感じです）。彼はその当時、神父でした。（おそらくカソリックだと思いますので神父というのが適当かと思います）

嵐の夜、神父は教会の一室で日記をつけていました。

日記には、こんなことが書かれてありました。

夫から傷つけられた母娘を教会に匿ったが、さらに救われなければならないのは、夫も同じだ——。

そしてその嵐の夜、一人取り残された夫のために家を訪ねたそうです。

格上さんから伝えられたそのシーンはとてもリアルでした。

そして前世の私は子供のころからこの神父さんを知っていて、困った時に相談に乗ってもらっていたそうです。

何となく格上というイメージがあったのは、そのせいだったのでしょう。

これが事実なら、格上さんは前世のいたらない私を心配して、今生で再会してスタッフとしてサポートしてくれたことになるのですね。（笑）

このころ、この前世の記憶は、パズルの全体のピースがだいぶ嵌め込まれてきたようでした。

やがてまだ抜け落ちているピースの分も自然と浮かんできて、私はこの人生の全体の流れが分かるようになりました。

＊　＊

それはこんな感じです、当時スペインの片田舎で、ごく一般的な庶民の娘だった私は陽気で明るい思春期を過ごします。おしゃれも好きで、当時フラメンコと呼ばれていたかわかりませんが、陽気に踊ることも好きでした。

やがて大人になり、高圧的な父親から結婚相手を決められます。

自由恋愛ではなかったけれど、その当時はそれほど特別なことでもなかったのだと思います。やがて愛娘《まなむすめ》も生まれ、自分では幸せな人生だと思っていましたが、夫の起こした事件がもとで、教会に入ります。突然の出来事で、不本意ながら逃げ込んだ教会での生活は、戒律の厳しい中、決して楽しいものではありませんでした。

傷ついた娘を思いやる気持ちも封印してしまい、娘にも冷たく接します。やがて愛していた娘は、絶望の中で自ら死を選んでしまう……。そんな状態の人生で私には、後悔と自責の中の孤独しか残りませんでした。

そして孤児で教会に連れてこられた太陽君の世話をまかされた私は、彼に愛情を注ぎますが、修道士として成長した彼もやがて私の元から離れてしまいます。神父から諭されたカソリックの教えにも反感を覚え、やがて心を閉ざしたまま人生を終えたのです。

そんなことからでしょうか、お腹のあたりが、ぐーっと感じるほど宗教がいやなのはこの気持ちの持ち越しだったかもしれません。正直に言うと、格上スタッフさんがいろいろアドバイスしてくださる時に、どこかでお説教されているような感覚がしていました。

彼の名誉のために申し添えますが、本人はとても真摯で誠実な方です。この時代に、私はこの神父さんに、責任転嫁してしまっていたのかもしれません。自分の不幸を、誰かのせいにしなければ、いられなかったのかもしれませんね。

思い返すと

これまでの体験を振り返ると、思い当たることが多く不思議な体験でした。

ですが、ここまでの体験をたとえば、

「この体験はすべてガイドの導きで、素晴らしいタイミングでメッセージをいただき、心の解放のために前世体験をさせていただいた。しかも、体験で出会うもの、目にするものは素晴らしいメッセージと愛に包まれ、これからの魂の成長のためにもたらされた」

と、きれいに括ってしまうことに、何か抵抗がありました。この体験には、その奥にある気づいていない大切なことがたくさんあるような気がしたからです。たとえば、この体験をさらに別の角度から見てみると、私の感情に関することや現実の問題解決に必要なものがもっとあるのではないか、と思いました。

私という一個人の、ほかの人から見たらある意味関係のないように思える体験でも、実はほかの人にも共通な仕組みがあるような気がしました。そして共通するものがわかれば、これを活用して人生で体験する問題を解くための効果的な方法がわかるのではないか、と思ったのです。漠然とでしたがそんな気持ちがどこかにあったように思います。

さて前世旅行に行ったその後ですが、残念なことに、これ以上このスペインの人生が本当に実在したのかを検証するのは難しいと思いました。1600年ごろに、この修道院に逃げ込み、下働きに従事したであろう一女性の記録が残っているのか確認することはできませんでした。

ただ、少し違う角度でこの体験を振り返ると、一番初めに見たヴィジョンがそれまでの抱えていた問題の「どうしてこうなるのだろう？」というシンプルな疑問への答えだったとしたら、この体験が事実かどうか検証するよりもっと大切な意味があるのではないかと思えました。

そこで、これまで見えたヴジョンをもう一度再確認してみました。

初めに見た映像（次ページ）は、クエンカで目にした建物とは、なぜか反転しています。
でも、別の角度から見た実際の建物は、このヴィジョンに似ています。

私が一日体験で見た
ヴィジョン

実際のパラドール裏側の風景
（左のスケッチと似ています）

旅の前にモンロー研
究所で見たヴィジョ
ン

セビリア・ピラトの家の風景

実際の風景

沖縄太陽君のスケッチ

左スケッチと似ている実際の建物

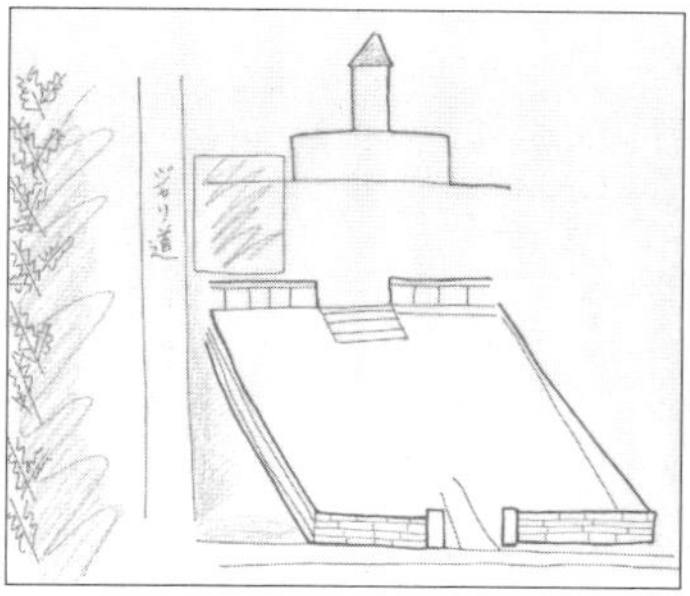

沖縄太陽君のスケッチ（右写真の中庭らしき部分が描かれています）

"©[Stepan Ermakov] ／ 123RF.com"
123RF 提供
違う角度の実際の風景

熱海で同室の方のスケッチ

上の実際の建物を左に回り込んで見たもの（左のスケッチと似ています）

太陽君と同室の方のヴィジョンとは違うようにも見えますが、違う角度からの建物全景と似ています。

同室の方のヴィジョンは、建物の向こうの旧市街とも思われる風景も描かれています。塔の位置も同じです。スペイン旅行の前に、ロンダとクエンカとどちらかと迷っていて、インターネットからプリントしたものを見た時は、塔の部分が景色に紛れて見にくく、塔がないように見えたのです。それで二人で、クエンカのパラドールには塔がない！　と思ったのですが実際はありました。

それと行きの飛行機の中で見た映画『エリザベス・ゴールデン・エイジ』の中に、イギリスに遣わされたスペインの大使が出てきますが、映画の中ではその大使もスペインのフェリペ２世も、やや濃いめの顔で髪が黒かったのです。初めに見たヴィジョンの男性もこのイメージに似ています。

当時のスペインの男性の風貌だとしたら、辻褄は合います。

それでも今一度、冷静に思い返してみました。

私が思い出したこの前世のスペインでの人生がもし本当だとしたら、それは「なぜこんなことになるのか？」という思いに対して、どんな意味があるのでしょうか？　そして、もしかしてた

下から見上げた塔（中庭から撮影。塔の上部が確認できます）

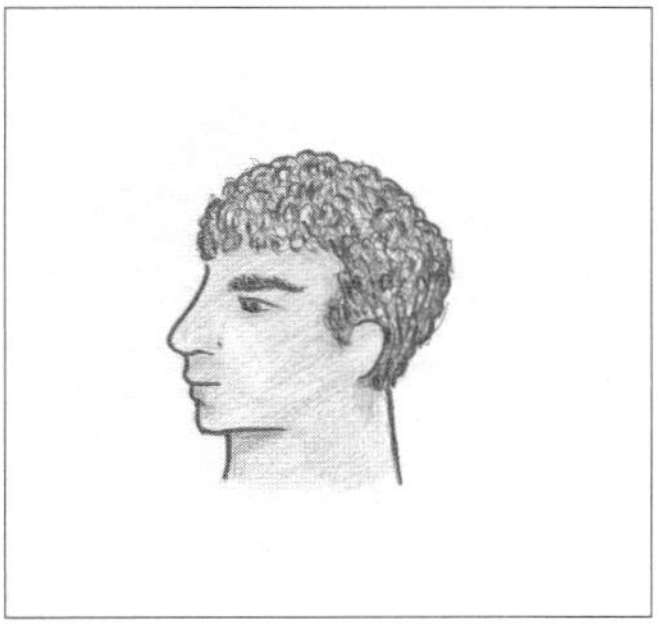

ヴィジョンの男性

だの妄想かもしれないこのヴィジョンやシンクロ、そしてタイミングの良い出来事が偶然や想像でなく、どこからかもたらされた情報やサポートだったとしたら、それが本当にそういうことなのだと思えるようになったのかは、どんな理由からだったのでしょうか。

それは、現実のかかえていた問題の原点が、このスペインの前世での出来事から生まれた問題だとするととてもすんなりと納得できたからでした。

◆7章　前世から持ち越したもの

ところでこの前世でかかわった、空似ちゃんとハットリ君、沖縄太陽君や格上スタッフさんは今の人生にはほとんど関わっていません。この熱海で開催されたセミナーに参加するまで、それぞれが日本の各地でちりぢりばらばらに生活していました。そして本当に偶然、熱海でのセミナーで集まりました。

ではセミナーという特別の環境の中で短い間とはいえ、何となく感傷的になり、それぞれが妄想を事実だと思い込んだのでしょうか？　でもセミナー中は私と皆さんはお部屋も違っていて、ほとんどお話もしていなかったのですからそう考えるのも不自然です。

また、年齢的にもばらばらで、たとえばハットリ君と私が前世で夫婦だったからといって、セミナーで出会ってロマンティックな展開を期待するには、あまりに非現実的です。それに皆さんがスペインで暮らした前世があるのなら、なぜ私だけがそこに行く必要があったのでしょうか？たまたま私はなんとなくですが、いつかスペインに遊びに行きたいと思っていた……そこに偶然が重なって旅行しただけと考えるとそうかもしれません。しかし、こんなふうに考えることもできます。

もともとスペイン旅行はだいぶ前から誘われていました。美保ちゃんではない他の方からです。

「暑い日差しの下、オリーブの木陰でワインを飲むなんてステキでしょ！」

などと誘われて、それはそれで魅力的に思いました。それでも何となくスペイン旅行は先延ばしにしていました。これはもしかしたら心のどこかで、行きたくない気持ちがあったからなのではないでしょうか。

スペインは私にとって悲しみを封印した土地だから、行って思い出したくないというような気持ちがあって、もちろんそんな気持ちは自分ではわからなかったのですけれど、気づかないところでブレーキがかかっていたのかもしれません。

けれど、目の前の現実に起きてきた問題を抱えてどうしてこんなふうになるのかという思いが湧いたことで、流れができてスペイン旅行に出かけることになり、実際に前世で生活していたかもしれない所へ行くことになり、そして旅行したことで、なにが変わったのでしょうか。

実際のスペイン旅行では、美味しい料理を食べて、情熱的なダンスを観て、素晴らしい景観を堪能しました。けれども同時に、過去の思い出したくもない悲しみも気がつかないなかで再体験していたのかもしれません。楽しいことも辛いことも旅を通して再体験していたようです。それは忘れていた記憶を蘇らせるために心を溶かす、様々な体験だったように思います。もしかして宙吊りの家で食べたチーズや豚のクエンカの郷土料理は、かつて遠い昔の私の好物だったかもしれません。情熱的なジプシーのダンスもかつてそのリズムに乗り楽しんだのかもしれません。旅で会った優しい人々やセビリアの大聖堂の塔から見降ろした街並みに広がる広くて高い青空に、遠く街を吹き渡る風……。

そんな、かつて馴染んでいたかもしれない、ごく当たり前のそこでの生活の楽しかったことを、気が付かないうちにこの旅行で再体験していたのだとしたら、辛い体験から凍り付いてしまった心も、そんな体験を通して緩んだのではないかと思います。

そしてその後、信頼できる方の誘導で体験したヒプノ・セラピーでブレーキがかかっていた記憶が解凍されるように思い出された、と考えると自然な流れに思えます。

では、そういう視点で経緯を思い返してみます。

＊友人から誘われて行きたいと思うのだけれどなんとなく先延ばしにしてきたスペイン。

↓

＊だんだん行くことを追い立てられるように具体的になっていく。

←
＊見当もつかなかった、もしかして前世で生きていたかもしれない場所が絞り込まれてくる。
←
＊時間がなくて予約が難しそうだった、目的のパラドールの予約がとれた。
←
＊飛行機の中で上映されていた映画が、ちょうどその時代を取り上げた史実の物語で、歴史に疎い私がその時代の予備知識をもらえた。
←
＊宿泊したホテルの部屋からは旧市街が良く見えた。
←
＊旧市街を散策中に偶然出くわした花嫁花婿。
←
＊偶然入ることができた、予約が必要な人気レストランのしかも窓側の席に座ることができて、メニューが分からずおすすめのまま食べたその地方の名物料理。
そしてそこから見えた悲しい事件があった教会の崖。
←
＊たまたま鑑賞できた、洞窟でのジプシーの情熱的なフラメンコダンス。

←＊大聖堂の塔の上から見た空と広い街の空気感。

←＊街中で偶然見かけたヴィジョンと同じ衣装のシスター。

←＊マドリッドで鑑賞した力強い表現力のミロの作品。


……なんだかすべてがつながってくるようでした。

もし、前世旅行に行かれるチャンスがありましたら、そんなシンクロを解き明かしていくのも楽しいかもしれません。

そうそう、余談ですがセビリアの街中で良くマグダラのマリア像を目にしましたが、マグダラのマリアは一説にはキリストの妻だとされる説もあるようです。真偽のほどはわかりませんがマグダラのマリアにはサラという娘がいたなんていうのもありました。誤解のないように申し添えますとこれは私、荒居砂羅がキリストの娘で特別の存在だなどということではありません。むしろ人一倍自己評価が低い私に、だれでも神の子なのだと教えてくれたメッセージだと思えたのです。

前世と病気

このスペインの旅を通して、もうひとつ興味深いことに気が付きました。

前にも書きましたが、私は小さいころから喉が弱かったのです。良く喉に関するトラブルを抱えていました。風邪をひくとすぐノドが痛くなるタイプで、ちょっと悪化させると声がぜんぜん出なくなることも良くありました。

特に喉に欠陥があるわけではないのですが、小さい時には自分の思いを声に出せなくなって、しゃくりあげたりしました。

もちろん病気の原因が全部前世の体験からくるというのではありませんが、ある人生で心に大きな傷を負った体験をして、そのとき味わった辛い感情が解放されないままとします。そして仮にそのままその人生を終わらせたとします。やがてまた新しく生まれ変わってきたときに、その解放されなかった感情が、どこか体に影響された状態で生まれてくるかもしれない、とは考えられないでしょうか。

たとえば高圧的な誰かから、理不尽なことをされたとして、それに対して論理的にかつ公平に抗議できないとしたら……まして語彙が少なく言葉の表現力もない小さな子供だったとしたら、それはもう大変な悲しみですよね。

体の中から吐き出したい強い感情と、吐き出すことを止められてつっかえてしまった行き場のない感情のエネルギーが喉に残るとしたら、そこには強烈なネガティブなエネルギーが溜まるのではないでしょうか。そしてそれがある種の症状として現れても不思議はないと思います。

そんなエネルギーは次の人生に持ち越されるのかもしれません。

私はこのスペインの前世でも、悲しみを解放できなくて人生を終わらせるのですが、同じころ追体験した、別の人生で子供でなくなった人生があります。そこでも、声にならない悲しみの感情を強く体験したりしました。

また、先に書きました、最初に追体験した前世で、30歳くらいの女性が悲しい思いをしている状態の前世をいきなり思い出しましたが、辛い感情をため込んでしまう体験を何度も繰り返しているために、喉に症状が現れやすかったのかもしれません。

興味深い体験をご紹介しましょう。

友人のひとみさんは小さなお子さんと暮らすシングルマザーです。

幸い生活には不自由していませんでしたが、持病の腰痛に悩まされていてお医者様にもかかりましたが、どうもすっきりと治りません。

喫茶店でお茶をしながらお話ししていたときです。ひとみさんは前世の話に興味があって、自分の前世がどうだったか知りたいと言います。そこで情報を採ってみると、奴隷で生きた人生が見えます。奴隷といっても今の感覚と少し違うのですが、ご主人様に仕えていたのです。子供もいましたが、このご主人様から暴力的に使われていて、日々耐えていたようです。

けれどこのご主人様が、このときのひとみさんの子供にまで暴力を振るい、奴隷として逆らえない彼女は、自分の大切な子供にさえ理不尽に暴力を振るわれることに耐えなければならなかったようです。そのことをひとみさんに伝えました。すると、実は今生での離婚の原因が夫のＤＶであったと言います。まるで今生の結婚生活と重なるような前世に驚いたようです。そしてやはり夫の暴力から子供を守れなかったことに自責の念が強くあると言います。

そこで、奴隷であった前世のひとみさんがその時子供を庇えなかったことをもう許すように伝え、今生でも同じように自分を責めないように伝えました。

このメッセージが腑に落ちたのでしょうか、ひとみさんは表情が明るくなり、なんだかとても楽になったと言います。帰り際に椅子から立ち上がったひとみさんは、長らく悩まされていた腰痛がなくなってしまったことに気が付きました。一時的な気のせいかとも思いましたが、さっきまであった辛い痛みがないことに嬉しくなり喜んで帰って行きました。その後ひとみさんの腰痛は再発しなかったようです。

もちろんそれだけですぐに、今抱えているいろいろな問題が消えた訳ではありませんが、体に症状として現れていた辛かった感情の部分は消えてしまったと思うのです。そんな体験からも、前世の体験は現在の病気の症状の一つの要因にはなっているのではないかと考えています。

もちろん病気はまず病院に行ってくださいね。

人間関係

スペインの人生で巡り合ったソウルメイト達は、今の人生では直接にはほとんど関係していませんが、最初に前世の記憶を追体験した、30歳くらいの女性が夫に出て行かれて強い悲しみを味わっている状態にシフトした体験の前世でのソウルメイトは、今の人生で関わっている人です。

セミナーで出会った沖縄太陽君が言うには、そのときの声にならない悲しみが、今の喉に影響しているというのですが、これに関してはこのときの前世の体験のある側面を今の人生でまた同じように体験しているということが共通していて興味深いです。またスペインの人生での感情が、今の人生や、この30歳くらいの強い悲しみの感情を持った女性の人生体験の元になっているとすると、とてもすんなり今抱えていた問題の原点へとつながったのです。

特にスペインでの人生と今の人生での共通点がいくつかあるのが興味深かったです。

誤解されないように申し添えますと、スペインの人生と同じように、父が高圧的だったとか夫が子供を傷つけたということではありません……。現実の問題はもっと別の形でした。

では何が共通しているかというと、そのうちのひとつですがそれは物事の受け取り方です。

今の私の物事の受け取り方のくせみたいなものが、このスペインでの人生との関わりを考えると、とてもすんなりと繋がるのです。前世の私はこのスペインの前生で、起こった現実を受け止めるのですが、それは当然私なりにその現実を解釈していきます。

＊たとえば良かれと思って働きにでたけれど、それは結果的に夫を傷つけていた。
＊でもそのことには気づかないで、とても尽くすのに夫は自分を傷つけてしまう。
＊そして可愛い娘を気遣うことができずに彼女を孤独に追いやり死なせてしまう。
＊やがて宗教に救いを求めても心は癒されなかった……。

そんなふうに思いながらこの人生を送ったとしたら、きっとそこには自己評価の低さと他人に対する不信感が強くあっても不思議ではないと思うのですね。

たとえばこんなことを、私はよく「前世から持ち越した思い癖」という言い方で表現します。簡単に言えば思考のパターンともいえます。

自己評価の低さに関しては、裏で「私はそんなに人より低くないのだ！」という気持ちを抱えているのですから、どこかでバランスをとろうとするのですね。私の場合はそれをある意味作品作りに込めたように思います。もちろんそれは仕事を通して作品を作り続けるモチベーションの一部にもなっていたのですけれど。

たとえ、現実にはだれもそんなふうに私を低くなんて思っていなくてもです。そして今の抱えている問題につながるソウルメイトは、ある意味私にそんな側面があることを現実の問題として私に見せてくれたことになるのではないでしょうか。

◆8章　前世の記憶が教えてくれる

実はスペインに行って前世を思い出したら、「黒い点をつぶす」。つまり旅行に行くと旅先でいろいろ思い出されて、思い出すことによって目の前の問題が解決する――と安易に期待したのですが、残念なことに、そういうことにはなりませんでした。

それは目の前の問題を解決するのには、当然現実的な行動が必要だからです。

初めに書きましたが、私も現実の問題はごくあたり前にいろいろ考えていろいろな人から助けられて、少しでも良い状態になるようにしました。こうした現実の行動が不可欠なわけです。そして、繰り返しますが、知りたかったのは「なぜこうなるのか？」でした。ロマンティックに前世を知りたい、などという動機ではありませんでしたが、結果的にその答えは前世にあったというわけです。

今の人生の目的

これはこの体験から導き出した私の考え方ですが、目の前の問題は、実はこの「思い癖」という思考パターンから起きるのではないかと思います。

たとえば、生まれる前からこの人生を計画するとして、そこに今度の人生をどう創造しようか、と思った時に、前世から持ち越した強いエネルギーをある問題という形にして具現化し、それを体験するという設計図をたてる。

つまり起こる問題は自分で計画したことになるのではないでしょうか。つまり起こっていることをいつでも起こる問題（出来事）には実はいろいろな側面がある。つまり起こっていることをいろいろな角度からみると、違ってみえてきます。ちょうど私と太陽君、同室の女性のパラドールの絵がそれぞれ違って描かれたけれども、同じ建物だったことに似ています。

まさに見る人によって違って見えるわけです。景観が反転していたのも、違う角度、裏側からもみるように——というメッセージととらえることもできます。目の前の問題も、自分の思考パターンといえる一方向から見るのでなく、その裏側や違う角度を見ることにより、問題そのもののとらえ方も変わってくるはずです。こういったことに、その問題を解く鍵があるのではないかと思うのです。

そもそも「問題」を創造したのは自分だとします。ではなぜそんな問題を作り上げたのでしょうか？

それは、その問題を「解決」するためだった――とは思いませんか？。

自分で作り上げた問題ですから、自分で解決できると思います。もともとないものを強いエネルギーで作り出したのですから。そういった思考パターンとなる「強いエネルギーを解き放す」ことが鍵なのではないでしょうか。もちろん、いろいろなケースがありますから、もっと複雑なこともまた別の目的もあると思います。でも私の場合は行き詰まってしまうほど大変だった問題も、実は自分の思いが作り上げた現実だったとしたら、その原点はスペインの人生での体験であったようです。

実際このパターンの問題を繰り返す前世が他にもあったのです。ですから、私の目の前の膨らんだ「エネルギーが作り出した問題」は、クリアーするために存在する、ということだと思います。たとえば、ある前世で「自分は他人より価値がない」という思いを体験したままその思いを抱えたまま次の人生に行くとき、「他人より価値がない自分」を体験する人生を創造する、と考えればいいわけです。

困ったことに人間には慣れてしまう習性があるので「人より価値がない自分」に慣れてしまい、生まれたときからそういう状態を体験していると、それがその人にとって自然な当たり前の状態になってしまう。そうすると、その状態が特別なことだとは気が付かないのです。

たとえば小さい時から親から殴られて育ったとする。すると殴られることに慣れてしまう……

やがて大人になって恋人から殴られても、あまり特別なことではないと思ってしまう。もし子どもを殴ったりしない健康な家庭で育ったら、恋人から殴られたら当然怒りが湧きますが、殴られ慣れている人はその痛みや理不尽さに鈍くなってしまっている。そしていつまでもその状態を続ける。

目の前の「問題」はそんな状態を教えてくれている、ということです。

もしかしたら前世から持ち越した、人生にとって厄介な思いをもう一度認識するために、前世の記憶を思い出すことは目の前の現実の問題を解決し、もう繰り返さないための素晴らしい糸口になるのではないかと思うのです。

前世を知ることは、いわゆる「自分探し」などではありません。前世を思い出すことは「今」を、さらに別の角度からも認識すること、つまり自分は今そこに存在するあなたそのものなのです。そして、現実の「今の自分」が前世から引き継いだものであったとしても、これから「なりたい自分」に移行できるのだとしたら、前世の自分も違う角度で見えてきます。

許すということ

たとえば私はスペインの前世を思い出すことで、現実にかかえる問題の元になった自分の本当の気持ちがなんなのか見えてきました。そして目の前の問題を通してこの深いところの思いをもう手放すべきだと気が付きました。そのために有効な方程式は「許す」ということでした。

では「許す」ということはどういうことなのでしょうか？

これはこの体験をして目の前の問題の原点が見えてきたけれど「許す」ということが良くわからなかったときに、ガイドからもらったメッセージです。

「許す」ということ

それは
寛大な心で　相手の悪いところを　攻めないということではなく

「許す」ということ
それは
相手のいやなところを見ない振りをして
自分が我慢することでもなく

「許す」ということ

それは
ただ
あなたの握り締めている
重たい想いを
その手のひらを　ひらいて
見つめ
それが　幻だったと　気がつくこと

そして「リリース（解き放す）」とは
その幻が
まぼろしと気がついた瞬間に消え
もともと　あなたが自由で
身軽だったとわかることです

これは映像でなく、言葉で伝わってきました。

いったい「許す」ってどういうことなのかしら？　と思いながら温泉に入っていた時です。

不思議ですね、久しぶりに行った熱海の温泉で受け取りました。

◆9章　ガイドからのメッセージと超感覚

さて、私が体験したこの前世の人生は本当にあったのでしょうか。

前にも書きましたが検証するには限界がありました。

でも一番知りたかった今の人生での問題について「なぜ、こんなふうになるのか？」ということへの答えだとしたら府に落ちる部分はたくさんあります。

そしてその後、抱えていた目の前の問題も、違った角度から認識することになり、どのように対応したら良いのかという方法も見えてきました。

そして、同じことを繰り返さないためにどうすれば良いのか、ということもわかってきました。

もちろん現実の問題が消え失せたり、あっという間にひとりでに解決したのではありません。

それはつまり解決の為の方程式がわかっても、それを使って目の前の問題という実際の数式を解かなくてはならないからです。でも不思議なことに、その取り組んでいた目の前の問題は、それから意外とあっさり解決したのでした。本当にあっけなくごく自然な流れでです。

このことは自分の意識が変わることで、自分の周りの環境が変化するということを目の当たりに体験したのでした。ではこのヴィジョンという映像や他の感覚からくる情報が妄想や自分の思い込みではなく、どこか別のところから来ていると確信したのはなぜでしょう。

またいわゆる「導き」といわれる、ガイドからのメッセージだと確信したのはどんな理由からでしょう。

それは霊とのコンタクト体験でした。

前世を思い出す体験と同時に、私はいろいろな不思議な体験をするようになりました。

熱海のセミナーで初めて緑のジャンパースカートの女の子の幽霊とコンタクトした体験から、その後　私は女の子の幽霊と接触する体験が多くありました。

たぶん前世で空似ちゃんを失ったことから、小さな子どもの女の子に対して思いが強くなりつながりやすくなったのではないかと思います。

しかし、比較的早くから霊との接触があったためか、その後のセミナーでも意外と目的の霊とのコンタクトはスムーズでした。そして、同時に遺族の方から霊からのメッセージを受け取ってほしいと依頼されることもありまして、そんなときに故人が伝えてくるメッセージや気持ちは、生前の本人しか知りえない内容だったからなのです。

前世の情報はクライアントに伝えると、その方の現在の事象ととても関係している内容ではありますが、実際にその前世が事実かどうかを検証することは難しいです。けれど故人から受け取る情報は、たとえば故人が住んでいた家の様子や生前の思い出や事件、亡くなられてからの遺族の様子などと、遺族の方と検証することができることだったからです。

どう考えても私の妄想ではありえない内容に、本当にコンタクトしているのだと確信できたのです。

前世の記憶や追体験は、この霊とのコンタクトと同じ状態の感覚なのです。

霊からのコンタクト

ヘミシンクのセミナーで肉体を離れた霊たちの領域に行き、自分が生きているうちには体験できないだろうと思っていた霊とのコンタクト体験を、意外と早い段階で経験していましたが、そのときは半信半疑でもありました。

けれどそれから、遺族の方から依頼されて絞り込んだ特定の霊とコンタクトし、霊の語る内容を遺族の方と検証するうちに、亡くなった霊と遺族しか知りえない個人的な内容に自分が目的の霊とアクセスしていると受け入れるしかなくなったのです。けれどそれは、ヘミシンクという音響資材を使ったときの変性意識状態での体験でした。ヘミシンクのセミナーを体験された方はこの様な体験をされる方は多くいらっしゃいます。ですから私はヘミシンクを使用しないときはこの様なことは体験出来ないと思いっていましたし、またこういう体験をしても、どこか現実生活とはかけ離れた気持ちがありました。でも、ある体験を通して光の回線がすでにつながっていたことに気付かされたのです。

２０１０年2月初旬、仕事で東京の近郊に出張したときです。その日の仕事が終わり、取引先の社長ご夫妻と夕食をいただいていました。

社長はスピリチュアルに興味がなく、会話も一般的な内容でした。やがて話の流れで、この社長のいとこにあたるシゲルさんが亡くなられた話になりました。

お会いしたこともないこのシゲルさんのお話に、私はあまり興味も持てずただ聞き役になっていました。やがて別の話題になり、夕食も終えて出張先のホテルへもどったのです。

私はホテルの部屋にもどるとすぐに部屋着に着替えました。そして歯を磨いて、お風呂に入っり洗った髪を乾かしたりしていました。その時、私の意識の一部に男性がなにかしきりに訴えかけているのに気が付いたのです。

それはちょうど頭の中に大きなモニターがあって、そこの片隅に映像があるような感じです。

私の目には、鏡に映ったドライアーで髪を乾かしている自分の姿が認識されているのですが、そのモニターの一部に、小さな動画が別に映り込んでいる感じです。

その男性は何か言っています。はじめは気が付かないくらいでしたが、確かに何かを一生懸命に訴えかけています。「○トシ」「○トシ」と繰り返しています。それが名前だとわかります。けれど私は目の前のドライアーや化粧品に意識がいって、それ以上はそれを良く見ようとはしなかったのです。

疲れてもいたので、さほど気にすることもなくすぐに眠ってしまいました。

朝になりすっかりそのことを忘れていましたが、迎えに来られた社長夫婦にお会いすると、前夜のことを思い出しました。それで、移動の車のなかで話したのです。というのは、モニターに見えた男性は、社長の話に出てきた亡くなられたいとこであることがわかっていたからです。

私「昨日のお話の亡くなられたいとこの方は名前は、○トシさんでしたか？」

社長は少し怪訝な表情で「いいえ、シゲルという名前です」

あっ、そうでした。そういえば社長は確かにシゲルさんとおっしゃっていたのをそのとき、思い出しました。
○のところがよく聞き取れなかったのですが、たとえばヒトシさんかシゲトシさんか、そんな名前で、それを私に訴えかけていたのかと思っていたのです。○トシさんとシゲルさんでは、大違い。私は、自分の勘違いに恥ずかしくなり、昨夜のホテルでの出来事を話しながら、自分がいい加減なのだと思っていました。

このときはそれでその話は終わりまして、その日の仕事が済むと東京にもどってきました。

それから一週間ほどして社長の奥様からお電話をいただきました。スピリチュアルにあまり興味のない社長でしたが、私のホテルでの体験がなんとなく気になっていたそうです。そして「○トシさん」という名前に思い当たったのだそうです。

それは孤児のシゲルさんを親代わりに育てられた「イトシさん」とおっしゃるおばさまでした。社長の親戚の方でもありますから連絡を取ることもできまして、ご高齢のこのイトシさんはちょうどご病気で危篤状態だったそうです。シゲルさんはこの親代わりだったイトシさんがそんな状態だったことを何とか社長に伝えたくて、私に訴えかけていたのです。

これは私にとっても興味深い体験でした。

少なくともシゲルさんは私が「非物質な存在」を認識できることがわかっていたわけです。そして亡くなったシゲルさんは生きている人間の状態もわかっていることになります。この体験で私は、ヘミシンクや眠る前になりやすい変性意識状態でなくても、「非物質」とアクセスが可能だと気が付いたのです。

少々わかりにくいかもしれませんので、ここでこの体験を解説します。

ヘミシンクや瞑想、ヒプノセラピーや眠る前になりやすい、目をつぶったり変性意識状態にならなくても情報は採れるということです。

つまり、文中にあるように頭の中に大きなモニターがあるとして、ごく普通の状態でもそこに映像は認識できるわけで「〇トシ」という名前も、名前のことだとわかっていたのですが男性という思い込みからこの「〇トシ」が男性名だと思ってしまい、目の前の雑事に意識を向けたためにシゲルさんのメッセージをちゃんと意図して聴こうとしなかった、もしくは通常の意識状態では受け取れないという思い込みが影響していたわけです。

通常スピリチュアルのトレーニングの目的の一つに、「見えないという思い込みを捨てる」ということがありますが、私は多くの方がこの「見えているのに見ようとしない」または「見えていること」を認めようとしないのを知っています。

少しトレーニングした私もそうだったのですね。この一件があってそのことに気付いてからは、クライアントの横に故人が認識できるようになり、回数を積むごとにほぼ同時中継的に、簡単な内容なら情報が採れていることがわかるようになったのです。

どういうことかと言うと、クライアントの横に故人が見えて、私に何かを伝えているのがわかります。もちろんヘミシンクやその他のツールは使いません。ただそのように意図するだけです。そしてその伝えてくる内容をクライアントに伝えるだけです。しかもシゲルさんと同じように多くのケースが、クライアントさんは故人の誘導のもとに私に依頼に来られるのですが、ほとんどの遺族の方はそれに気づいていないことが多いこともわかりました。つまり故人は遺族に伝えたいことがあるのですが、直接伝わらないので、私を使って伝えようと機会を作っていることが多くあります。クライアントさんは自分の意志で故人のメッセージを聞きたいと思い依頼した、と思われていますが、自分の意志ではなくて故人の遺志であることが多いようです。

うまく説明できないのですが、前世に関するメッセージなども、クライアントさんの前世が、私を介してクライアントさんに伝えてくるのです。「えっ、前世の自分が今の自分にメッセージを伝えてくるの？」と思われるかもしれませんが、実際そのように認識できます。

ところで、思い込みをなくすと、情報が採れ易くなります。たとえば「こうすればできる」という思い込みは「こうしなければできない」という思い込みにつながりやすく、ヴィジョンが見える、見えないにしてもまるで肉眼で見える状態が「見えること」だと思い込んでいると、しっかり見えていても受け止められないことが多いようです。

私達は普段、この物質世界しか見えないという思い込みをして生活しています。これを認識してやめると、実はもっと多くの情報やヴィジョンを受け取っていることに気が付きます。

たとえばオーラの色ですが、このオーラをみるのは案外簡単にできます。誰か人間の前に立ちその方の周りにあるオーラを見るようにしてみてください。この場合やはり目の前の物質に意識がいってしまわないように、最初は視覚に刺激のないシンプルな黒いバックの前に立ってもらうとよいでしょう。色として見えなければ、エネルギーの流れとして見えることでもいいのです。

コツは空間をボーっと見るような感じです。たとえば晴れた日に川面を見ていると、川面に反射する太陽の光がキラキラとしています。けれどキラキラの下に意識を向けると水中の魚が見えてきたという経験に近いかもしれません。もしオーラが色で見えたらさらにクレヨンや色鉛筆などでその人の人型を描きその周りに見えた色と近い色で描いてみることをお勧めします。これは見えていることを頭のスクリーンで認識し、描くことでしっかり意識に落とし込む作業をしていることにもなるからです。

もし色や流れが見えなくても、手で触ったり感じたりしてみても良いです。それは「感じる」とか「気配がする」という感覚です。そして同じようにその方の前世を読むこともできます。ただし、この場合自分で作りあげた妄想との違いをきちんと区別できるかは大切なポイントになりますが。

妄想がいけないのではありません。これは自分が作り上げた情報と受け取った情報の違いを指します。ちょうどPCで作り上げた情報をアップロードするのとネットから受け取った情報をダウンロードしているのに似ています。その方の前世の情報はダウンロードしたデーターを読み解くので、自分でいろいろ想像して作り上げることとは違います。もし誰かの前世を読み解いてみるのでしたら、あまりその方について知らないほうが良い。つまり先入観（思い込み）を持たずにできるようにすることがお勧めです。

ちなみに私は電車などに乗っていてヒマな時に、前の席に座っている見ず知らずの方の前世を読み解き、自己トレーニングしたりしました。ただこの方法はご本人とその情報を検証することはできませんが。（笑）

他人のプライバシーといえる前世の情報を、その方に許可なく採ることの審議については、物質世界と物質を超えた世界では認識が違うので、また別の機会があればば触れさせていただくとして、ここでは、良識の範囲でなさってくださいね、と加えさせていただきます。

ガイドの導き

ここで少し話がもどりますが、初めて熱海のセミナーでヴィジョンに現れた私のガイドが「靴」だったと申しましたが、その後も「靴」はヴィジョンのいたるところの端々に出没し目撃されていました。それはまったく意図して見ているのではありません、頭の中のスクリーンには自分の意図した映像を認識しているのですが、その映像の片隅にいきなり見えるという感じです。

そして２００９年11月、スペインでの人生の全貌が見えた翌年参加した「スターラインズⅡ」というセミナーでのことです。

やはり、そんなふうにいきなりヴィジョンに現れた靴にはなんと足が入っていたのです。つまり足首から下だけでしたが足に履かれた状態の靴のヴィジョンだったのです。

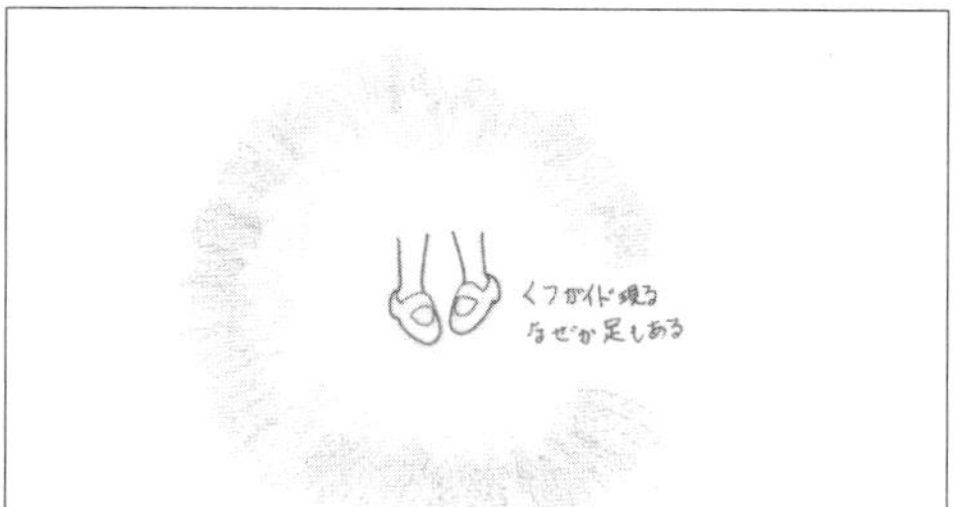

足の入った靴

今までは靴だけでしたから、何かそれが特別に思えたのです。その年の暮れも押し迫ったころ、別のセミナーでご一緒した方にそのお話をすると彼女は「それはクツミではないか」と言うのです。「クツミ」って何かしら？　私はそれが名前がだと知りませんでした。

実はこのガイドさんはKuthumi（クートフーミ）。日本語でクツミと呼ばれる数あるアセンデッドマスターの一人で、強力なガイドであり、聖フランチェスコの生まれ変わりとされる説もあるようです。

マスター・クツミはその人の人生の目的を理解し、意味のある変化を起こす勇気を奮い起こし、超自然的な力や想いを形にする力を開発する手助けをしてくれるそうです。

2年以上も靴だと思っていたガイドはマスター・クツミのギャグだったのです。（笑）さらにその後「アセンデッド・マスターと繋がる」というワークの瞑想中のことです。いろいろな映像が見えた最後に、裸の赤ちゃんが見えて、そのはだしの足を振っているビジョンで受け取ったメッセージがあります。

裸の赤ちゃん

ヴィジョンの大きな裸の赤ちゃんは「無条件の愛の象徴」で、目の前に差し出されたはだしの足は、もちろん靴ははいていません。それは「無条件の愛には靴は要らないよ、もう重たい靴は脱ぎなさい」という、マスターからのメッセージでした。ただのギャグではなくて、深い意味も込められていたのですね。そして、なんとこの本の原稿を書き始めた２０１３年3月25日、突然現れたマスターは椅子に腰かけた下半身でした。

その存在すら知らなかった私に、いつも寄り添い見守ってくれたマスターガイドに心より感謝します。

さて、その全身が拝見できるのはいつなのでしょうか……

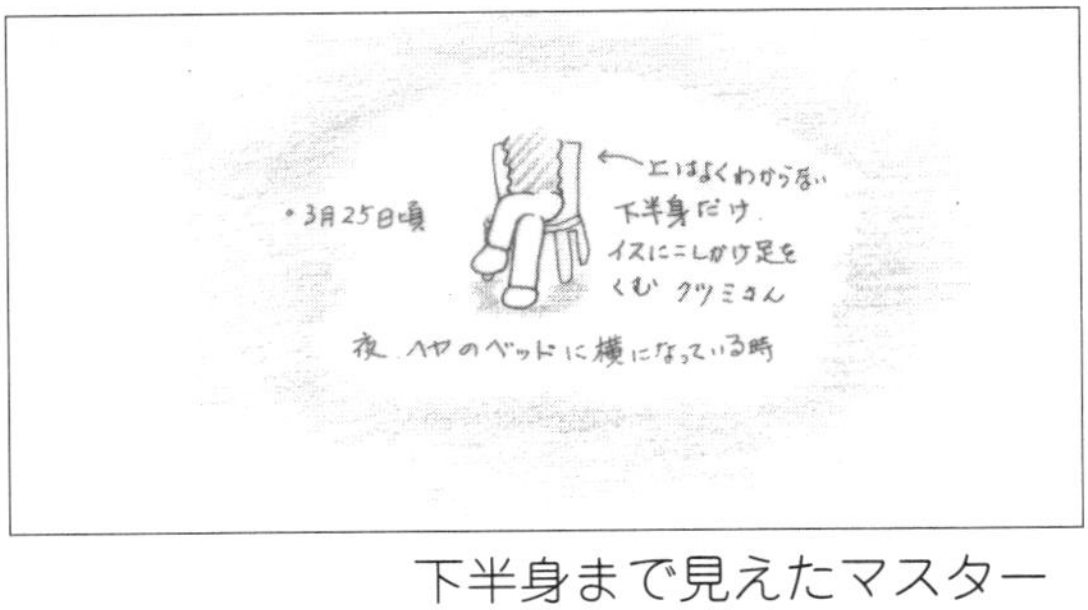

下半身まで見えたマスター

◆10章　前世とリンクする現実

ここまでスペインの前世の記憶に関してのいろいろな不思議な体験を書きましたが　それ以外でも、間接的にですが、別の不思議な体験もたくさんありました。

この章に、そうしたお話をご紹介したいと思います。

前世に関する体験としては、このスペインにまつわる話だけではなく、２章で紹介した夫に出て行かれた30歳くらいの女性の前世だったり、北欧の寒村で一人孤独死をした前世だったりいろいろありますが、それはどれも今の私の別の側面というべき人生であることがわかりました。そしてそうした内容は、それぞれの前世に関わる体験と同時進行して体験したうちのひとつでした。さらに深めて追究していくと、幽霊といわれるさまよう霊とのアクセス体験などとも精妙にリンクしていたりするのです。

話がややこしくなってしまうかもしれませんが、幽霊とのアクセスについてもう少し詳しく説明しましょう。たとえばある幽霊（いわゆる地縛霊的な現世に近い状態で留まっている霊）を上に誘導する体験（浄化とか解放という表現をする場合もあります）をすると、その後その幽霊は実は私の前世の一部だった、と判明することがあります。

そうして浄化や解放といった体験の一つひとつは、繊細につながりあっていて、そしてそれぞれが同時進行であることも多く、私自身、解釈が困難な内容もあり、ここで紹介することは出来ません。ですので、本著ではスペインの前世の記憶を中心に書かせていただきました。簡単に言うと、ひとつの前世の記憶を追体験すると、同時にそれが切っ掛けになって様々なものが変化し、今の自分にさらに影響する別の体験が同時に幾つも起こった、というわけです。

今に影響する前世

前世での体験が今の人生に影響しているということは、多くの方にあるようです。

ここで、他の方のケースをご紹介させていただきます。

大島加奈子さんは30歳前後のほっそりとした、控えめの印象の女性です。

加奈子さんは数年前にお母さまが病気で亡くなり、ご実家でお父さまと二人で暮らしていました。すでに結婚してお子さんがいる弟さんがいて、その弟さん家族は加奈子さんのご実家と同じ敷地にお家を建てて暮らしていました。

お母さまが亡くなられてから、お父さまは別の女性とお付き合いが始まりました。お付き合いのきっかけは、お父さまがこの女性（仮にAさん）の相談に乗ってあげていたことでした。

Aさんはその時結婚していたのですが、いろいろ困難な事情を抱えていて、親切に相談に乗っていたお父さまは、Aさんを離婚させてそのままお付き合いにすすんだそうです。けれど加奈子さんはなんとなくAさんが受け入れられず、家庭の外で付き合って欲しいと、お父さまにお願いしたのだそうです。

はじめは外で会っていた二人でしたが、日を追ってお家に訪ねてくるようになり、やがてほとんどお家の中に入り込んでしまう形になったそうです。

加奈子さんはこの状態がたえられず、どうしたら良いかと悩まれていました。ここまで話してくださいましたが、それに対して私はどういう情報をとったら良いか判断しかねていました。

お聞きした内容が大ざっぱだったからではありません。加奈子さんは迷っていらっしゃいましたので、私は私の個人的な意見でなく加奈子さん自身がどうしたら良いのかを自分で選べるように必要な情報を伝えようと思いました、そしてそのほうが加奈子さんは納得されるのではないかと思ったからです。

そこで何となく思い浮かんだことを質問してみました。（考えたのでなく浮かんだ内容です）

私「その女性にお会いになってみて、どんな感じがしましたか？」

加奈子さん「とても評判が悪い人なのです、みんなが悪く言います」

と答えてくれましたが、違和感がありました。加奈子さんのその方に対する会ってみたときの印象を伺ったのに、答えが「他人の評判」だったからです。

私「そうですね、この先お父さまとその女性が結婚されたら、相続などの問題がでてくるかもしれませんね？」

加奈子さん「そうなのです。長男という弟の立場も含めて心配です」

お父さまはその女性に離婚をすすめた経緯もあってか、女性のお子さんも一緒に住んでいるようです。私は現実の世界で人さまの悩みや心配事を解決したり、相談に乗ったりできる立場ではありません。ですから、私に可能なことは、加奈子さんに最適な情報を採るということです。

そのためには、出来るだけ自分の考えや、感情（思い込み）はゼロにします。

そして、情報はあらゆる角度から、ある意味大量に降りてきますから、どこに意識をむけてどの情報を選択するかに神経を使います。先に話した会話でも、会話そのものの内容よりもそこに感じる微細な空気感のようなものを受け止めながらデーター化する感じです。

そこまで話していただいたときに、加奈子さんとお父さまにある問題に関して情報を採ってみました。つまりこの問題の元になっていることが何なのかと意図したのです。すると、加奈子さんの左側に加奈子さんとお父さまが前世で兄妹だったという映像と、それにまつわる情報が受け取れます。

そのことを加奈子さんに伝えました。

すると、加奈子さんは「父が、前世で私の兄だったというのは、なんだかとても府に落ちます」とおっしゃいます。つまり今現在はお父さまですが、遠い記憶のような感覚で兄妹という関係を納得できるようです。

補足ですが、加奈子さんは私に対して半信半疑というより、むしろ警戒心をもってすこしずつお話をされた——という状態でした。ですから、初めから盲信的に私の話を信じたのではありません。

特にお父さまとの問題の根源のひとつに前世の関係が絡んでいるという展開は考えてもいなかったと思います。その意味では私自身も意外な展開でした。

結果的に、この予想外の展開が加奈子さんの深い心の中にあった記憶の扉を開き、前世の感情や情報を引き出すきっかけになったのかもしれません。私の伝える情報を受け入れようと気持ちを開いた加奈子さんが、私に質問しました。

「その人生は、どこのことなのでしょうか？」

検索してみますと、昔の中国の絵にあるような石造りの門が見えます。高官のお家のようです。

続いていろいろな情景が見えて情報が採れます。

この人生で加奈子さんは、中国の田舎の格式のあるお家に育ちました。この人生では家のための結婚を強いられて育ちましたから、もちろん自由な恋愛などできませんでした。

同じように家の跡継ぎのお兄さまも（現在のお父さま）、釣合の良いお家からお嫁さんをもらうことになっていました。

ある日お兄さんはお家に奉公に来ていた娘に恋してしまいます。

恋愛を禁じられていた加奈子さんはお兄さんに疑似恋愛をしていて、この娘さんに嫉妬します。そこで、前世の加奈子さんは娘さんのことを、家柄が悪いとか育ちが悪いとか、そんなふうに言ってまわり、お兄さんがこの娘さんと離れるように立ち回ります。

この娘さんの生まれ変わりが、今のこのお父さまの相手の方（Aさん）です。

加奈子さんにした最初の質問の答えに感じた違和感は、ちょうどこの前世での加奈子さんの立ち回り方に共通します。つまりAさんそのものの印象でなく、まわりの評判を私に伝えましたが、それは、奉公に来た娘さんそのものの印象でなく、育ちや家柄を周りに言ってまわったパターンと、同じだと感じたのです。

その情報を正直に伝えると加奈子さんは、とても深いところに隠していた自分の想いを確認します。加奈子さんが言いました。

「そうだわ！　彼女（Aさん）は会ってみたらそんなに悪い人というわけではないように思ったのも事実です」と。

でも、Aさんはこの前世での出来事で、「自分は好きな人と一緒になれないような価値の低いい人間なのだ」という想いも抱えてしまいます。その結果、Aさんは、「自分は好きな人から心や豊かな物を受け取れない価値のない人間なのだ。そして物や心は受け取れないから、奪うものだ」という想いが生まれたようです。

それを加奈子さんに伝えると、加奈子さんはその情報をすーっと腑に落として、瞬間的に心の荷物を手放しました。実はこのとき、加奈子さんは今の状態が耐えられず、家を出ようと思っていてすでにマンションも見つけていたそうですが、そんな気持ちで引っ越すのではなく、軽くなった心で前向きなスタートになる引っ越しに気持ちが変わりました。

すると設定される未来も変わります。例えるとゲームのステージが変わるような感じです。私の場合、その方の右側に見える未来の映像が変化するのです。

加奈子さんの新しいパートナーとの出会いも真近に引き寄せた様子が見えます。

手放すこと……リリースはより楽しい人生への近道です

加奈子さんはこの女性から見せてもらった自分の側面に気づき、もう必要でない想い（観念）を手放したのです。笑顔になった加奈子さんは、

「そうか、私ひどいよね、こんなふうになるの分かるわ」

と笑いながらそう言います。

「中国製の小物とかがとても好きなのです」

前世での加奈子さんは、娘らしい恋愛も禁止されて外出もままならず、お部屋で手の込んだ小

物をみて淋しさをまぎらわしていたのです。前世の加奈子さんはとても傷ついていたのですが、これからは今の人生で恋愛も自由に楽しんでいただける可能性が大きくなりました。

それから一年後に、偶然にも加奈子さんとお会いする機会がありました。

それは思いもよらない場面でした。とある集会で加奈子さんからお声をかけていただいたのです。お話をうかがうと、前世のお話をお伝えした後、加奈子さんはお父様との関係が良い状態になり、面白いことに、それからしばらくしてお誕生日のプレゼントをお父さまからいただいたのだけれど、それはなんとチャイナドレスだったそうです。もちろんお父さまは加奈子さんの前世の話は知りません。

初めてお会いした時よりとても明るい雰囲気の加奈子さん。お声をかけていただくまで気が付かなかった程です。

では、この体験について少し解説します。

最初に加奈子さんから今、気になっていることをききます。ここで大切なことは「意識を合わせる」ことです。加奈子さんの深い意識を読み解くのには、一緒に深い意識に入ることが有効だと思うからです。加奈子さんの深い意識に入る入口を探し、一緒に入ることで加奈子さん自身が自分の深い意識を認識できるからです。そのためにこういった問いかけをすることがあります。一緒に深い意識へ向かうための質問と言っていいでしょう。

「何か、気になっていることはありますか?」という問いかけに「特に何もありません」と答える方がいらっしゃいます。多くの場合こういった方は、本人が意識の中に入りにくい状態であることが多いです。

そして文中にあるように、その入口から深く入るための質問は、私が考えるのでなく上からの情報にまかせます。つまり文中にあるように「何となく浮かんだ内容を質問した（伝えた）」というわけです。私はクライアントと上との通訳としての立場のようなものですから、上と加奈子さんのやりとりを客観的に傍聴するような感じです。

さらに加奈子さんの答えに違和感を感じるのですが、それは傍聴人の立場で答えを聞いている感覚です。私と加奈子さんとは別に第三者の私が聞いているという状態です。そしてこの第三者からやり取りのなかの違和感を感じるのです。さらに、この違和感から問題の元を検索します。この時この「違和感」についてもキーワードの一つとして検索します。

つまり、「なぜ、今目の前にこんな問題があるのか？」という検索と「この違和感が何か？」を一緒に検索しているのです。そして加奈子さんと一緒に加奈子さんの深い意識に入ったことで、前世でお父様と兄妹という人生があったことを府に落とすことができるのです。一緒に入らないと、私の伝える情報を言葉として「信じるか信じないか」という形になってしまいます。けれど、一緒に深い意識に入ることで、加奈子さんが自分で府に落とすことができます。「なるほど、そうなのか」と、この人生を一瞬ですが追体験するわけです。それによって加奈子さんは深い意識の古い信念（思考パターン）を自分で手放すことができたのです。

これは旅行を通した前世の追体験でも同じです。「同じ体験」で意識の解放をすることも可能なのです。私のスペイン旅行が、表面上は楽しい観光旅行であった陰で、知らず知らずでしたが前世の追体験となり、古い信念を解放するきっかけになりました。

そんな状態ですから、文中にもあるように問題の根源に何があるのかは、私自身も知りません。ですので、受け取った情報に驚くことが良くあります。このケースでは舞台が中国の田舎であることまでしか検索しませんでしたが、加奈子さんが実際に行ってみようと意図すれば、もうそこに導かれることになると思います。加奈子さんが中国の小物に惹かれることも自然なことだとわかります。

加奈子さんに限らず、前世の追体験で意識が変わることは多くあります。そんな時私はほとんど何のアドバイスもしていません。つまりクライアント自身が自分で自分の意識を変えるわけです。

大島加奈子さん以外でも、前世の意識を持ち越しているケースは多くみられました。

いくつか例をあげてみましょう。

＊

20代のKさんはごく健康的な若い男性ですが女性に心を開くことが苦手です。

Kさんはある前世で美しい女性として生きた人生があり、そのときその美貌のせいで男性から酷く束縛された人生があります。そこで今回は男性に生まれてきたのですが、男性を含め特に異性に心を開くことができません。前世のKさんは子供のころに高圧的な父親から軟禁状態の生活を強いられ、話し相手は与えられた人形だけでした。その中でも特にウサギの縫いぐるみが大切な友人でした。そして今のKさんは人形、特にウサギの人形が好きなのですがそのことは誰にも言ったことがなかったそうです。

＊

30代前半のHさんは、細身の繊細な感じの女性です。お付き合いされている男性とあまりしっくりいっていなくて、いつか相手の男性から別れを切り出されるのではないかと思い、気持ちの晴れない状況でした。

この人生に影響しているHさんの前世は、やはり細身の美しい女性の人生です、このとき心を寄せ合っている男性がいますが、この男性は家の都合でHさんと結婚することができずに、ある日湖の畔で別れを告げます。Hさんの前世のこの女性は突然の別れを受け止めることができず、夜、再び湖にやってきて入水自殺をします。そのことを深い意識の中に持ち越したHさんは、男性はやがて自分から去っていくという思いを強く持っていて、そのパターンをまた繰り返そうとしているのです。「水は嫌いですか?」という私の質問にHさんはカナズチだと答えました。

＊

40代のMさんは、お子さんが3人いらっしゃる主婦です。もっと子供が欲しいと思っていますが、3人の子供さんも妊娠しにくい体質をお医者様に相談して少し無理をして授かりました。

でもどうしても子供がもっとほしいと思っています。Mさんの今の人生に影響している前世でMさんは洪水の災害で子供を亡くされています。大切な子供を亡くしてしまったその時の思いが今の人生で子供をまた亡くすのではないかと深い心の中で思っています。その思いが妊娠しにくい体質となり、つまり意識で子供を授かるとまた辛い思いをするかもしれないとブレーキをかけ、無理して授かった子供が元気でも、もっと子供がいなければ一人になってしまうという思いで、落ち着かない状況です。

＊

50代のKさんは離婚後一人で子育てをしてきました。息子さんが進学されるときも本人の希望でなくKさんが良いと思う学校に進むようにしてしまったそうです。息子さんを愛しているのですが、何か安心できないような不安な気持ちがするそうです。

息子さんとKさんは前世でご夫婦だったことがあり、この時恋愛結婚をした幸せな若い夫婦でしたが、やがて戦争で出征したご主人は必ず生きて帰ると約束したのに戦死してしまい帰ることはありませんでした。この人生でKさんは深い悲しみと孤独の中でこの人生を送ります。Kさんはなぜか特に若い男性を信じる事ができないそうです。そして息子さんに対しても何か母親としてという気持ちともっと別の強い感情があるように思っていたそうです。

＊

これまでの例は特定の個人のケースではなく、複数の方に共通してみられた事例で、その共通部分を編集してまとめたものです。ですが、今の人生に影響しているところに共通した部分が多く興味深く思っています。もちろん同じような前世だからといって、誰もが同じような影響をされているとわけではないでしょうが、同じような「課題」を今の人生に持ち越しているのだと思いました。

ソウルメイトの役割

こういった前世からの持ち越したことは思考パターンといえるような部分への影響もありますが、それは人間関係にもあるようです。文中の私のスペインでのソウルメイトとは今のところ前世旅行に出かける前に再会しただけですが、今の私の人生でも身近に影響しあうソウルメイトもいるように、誰でもつながり影響しあうソウルメイトと身近に暮らしていることが多いようです。

中野誠さんは40代の部長さんです。意欲的でエネルギッシュにバリバリと仕事をするタイプです。仕事でがんばり成果を上げるのが人生で一番大切と思い、ともすると家庭は二の次になってしまっていたようです。その日も仕事が長引いて帰りが夜遅くなり、来社した取引先の業者を送り届けてからふらりと居酒屋に入りました。カウンターだけの小さな店にはお客様はいませんでした。

初めて立ち寄った店でカウンター内の店のオーナーらしき男性を見ると、なんと学生時代の同級生だったのです。中野さんとオーナーは学生時代の昔話に盛り上がり、思いがけず楽しい時間を過ごしました。オーナーさんは中野さんとは違って家庭が一番と思っていて奥様とお嬢様との生活にとても幸せを感じているようで、お店のあちこちにも家族の写真が飾ってあります。仕事が一番という中野さんと家庭が大切というオーナーさんはそこでは意見が違っていました。

中野さんは前世で農家の次男として生まれた人生があります。家督は長男が継ぎ、次男だった前世の中野さんはなんとか名を成したい気持ちがありました。そんなある日、戦に負けた武将が落ち伸びてきます。家来はいなくて一人きりです。鎧には矢が刺さり傷だらけで疲れ切っていました。次男の中野さんは家に入れて介抱します。やがて武将は深い眠りにつきます。次男の中野さんは名を成したい思いから、この武将を敵方に売って侍に取り立ててもらいます。けれど侍として名を成すことができず、挫折して実家に帰ってきます。このときの長男はそんな次男の中野さんを暖かく迎え入れます。

この長男の生まれ変わりが居酒屋のオーナーさんです。そして落ち伸びてきた武将の生まれ変わりが今の中野さんの上司でした。中野さんは仕事で成功する大事なヒントをこのソウルメイトから受け取るために、それぞれベストタイミングで再会したのです。

30代のHさんは結婚してご主人のお母様である姑との折り合いについて悩んでいました。

ご主人が長男であることから、次男のお嫁さんと比べてHさんからみると何かと束縛されているように感じるそうです。悪い人ではないけれどいつも自分の生活を監視されているような息苦しさがあるといいます。でもHさんとこの姑は前世で実の母娘だったことがあるソウルメイトで、このときもHさんを母親として干渉します。このときの時代背景や社会的状況もあり決して極端なことでもなかったのですが、Hさんは今の人生で義理の親子関係でこのソウルメイトと再会したのです。

50代のFさんは大人になってから、自分の両親が実の親ではなくFさんが赤ちゃんのときに養女としてもらわれてきたことを知ります。どんな事情があったか気にはなりましたが、心に秘めたままやがて結婚し幸せな家庭生活を送っています。今になってなぜ実の両親は自分を養女に出したのかが気になります。けれど生みの親も育ての親もすでに他界してそのことを知るすべがありませんでした。Fさんと育ての母親は前世で年の離れた姉妹だったことがあります、育ての母親の前世の姉は年の離れた幼い前世のFさんをとても愛していて、まるで母親のように慈しみました。今の人生では他人の関係で生まれてきたFさんを養女として迎えいれます。Fさんが血のつながらない母と思っていましたが、仲の良い実の姉妹のソウルメイトだったのです。

こちらも複数みられたソウルメイトとの今生での人間関係と前世で人間関係について共通していた事例を編集してみました。個々の事例に関してはその役割から、いろいろな体験をするための役割や意味が繊細に影響し合っています。そして、現実の問題や方向がどこに向かうかによって、乗り越え方はいろいろあります。今の関係性だけがすべてではなく、何度も生まれ変わるなかで重要な役割をしているのが興味深いと思います。

◆11章　前世旅行にでかけませんか

私の前世を探すスペイン旅行は特別なものではありません。誰でも生まれ変わるなかで、いろいろなところで生きた人生があります。私自身の旅もそうですが、一人ひとりの壮大な魂の旅はすばらしく、その深遠な奥深さや意味深さに感動を覚えます。以前はそんな能力のなかった私でも、このスペインの前世旅行を通して、今に生きることの大切なカギをもらいました。そこで皆さんにも前世旅行に出かけられることをお勧めしたいと思います。

前世に興味を持ち、自分の魂の旅を紐解こうとするとき、誰かに前世リーディングをしてもらうとか、自分でヘミシンクやヒプノ・セラピーで前世体験をするなど、今はいろいろな方法があります。また、他人の前世が読みとれる能力のある方に助けてもらったり、自分でイメージとしてのビジョンを見たりすることも良いのですが、実際に前世で生きたその場所を訪れ自分自身でそのときの人生を追体験することのはとても楽しく、感動的なのでぜひお勧めしますです。またそれほど深く追求しなくても、意識して出かけるだけでも今までとは違った旅の楽しみ方になると思います。ここでは特別な能力がなくても旅を通して前世体験してみることに触れてみましょう。

旅行先を決めるヒント

何気なく行っていた旅行が、実は前世で生きたところだったということは多くあります。けれど、そういったことに気づかないことも多いかもしれません。けれど、もしこれから前世旅行に出かけてみようと思ったらまずどうしたらいいのでしょう。行先はどうして決めたらいいのでしょうか?

キーワードは「気になること」です。ここでいう「気になること」とは悩みごとでなく、日頃なんとなく気になるくらい、という意味です。または、「好きなこと」「興味があること」でも良いです。この場合「嫌いなこと」「興味を持ちたくないこと」は外してしまいがちです。実は「好きなこと」も「嫌いなこと」も「興味があること」も「興味を持ちたくないこと」も「気になること」としてくくってみてください。

微妙ですがこの場合「興味がないこと」は脇に置いておいても良いと思います。10章で挙げた例にあるように、前世での好みや生活、文化や興味の対象は今の人生にリンクしていることが良くあるからです。

前世で楽しかったことが、なにかのきっかけで辛い体験になったりすると、「嫌いなこと」や「興味を持ちたくないこと」として記憶しますが、それらもある意味「気になること」ではあります。特に霊能力がなくてもそこから前世で暮らした場所がみえてくることもあります。

たとえば、スペインの旅に同行したあげまん美保ちゃんはスピリチュアルに興味がありませんでしたが、フランスの古城を巡るツアーであるお城を訪れたときのことです。

それまで美保ちゃんは普通に古城の外観や荘厳さを観ながら楽しんでいました。そして古城の内部に入り当時の荘厳な内装の部屋を巡り豪華な調度品などを鑑賞し、やがて地下の台所に行きました。美保ちゃんは、なぜかその殺風景な台所にあった古いまな板に強く反応したのです。古城の豪華な部屋に比べて地下の台所では、他の観光客はそういった展示の品に興味を持った様子はありませんでした。まして粗末な台の上に無造作に置かれた、当時のまな板に強く反応する美保ちゃんは少し奇異な感じもしました。

特に、大きなまな板の使い古されて少し窪んでいる箇所をしげしげと見ながら「この窪みは昔、小動物の首をストンと切った跡かしら？」と気にしていました。さらに「その時はきっと首を切られた動物の血がこの窪みに溜まり、まな板の下に流れたのかもしれない」となんだかその状況を見ているようでした。

変ですよね、ツアーの目的からいってもここはそんなに喰いつくとこではないのですから。つまり美保ちゃんはヨーロッパでの前世での想いを、そのころの生活用品から記憶に上げているのです。日ごろ美保ちゃんとアンティーク市場に出かけて行くと、彼女の興味の対象はヨーロッパのものに限定で、しかも豪華な高級品でなく、ごく身近で使われていたのであろう素朴な生活用品に惹かれるようです。そして値段交渉の末、手に入れたそれら古道具は今の生活になんの必要もないのですが、実際に使ってみたいという変な欲求がおさえられないようです。たとえばブリキでできたジャガイモ潰し器や小さなハーブカッターなどです。それらが気になっているのですね。つまりだれでも前世の感覚を自分の五感で覚えていることがあるのです。

＊

40代の営業マンのKさんは特に何か宗教を信仰しているのではありません、ごく普通の仕事ができる男性です。育った環境もごく一般的な家庭ですが、少し他人に対して気持ちを開かないようなところがありますが家庭もありお子さんもいます。このKさんは前世で修行僧をしていたのですが、そのときは一人で行脚してゆく中で宗教と向かい合います。特にどこかの寺に入り仲間と暮らすのでなく一人です。そんなKさんはなんとなくいつもお寺や神社をお参りすることがあると言います。それはKさんがそんな前世の行動を持ち越しているわけです。Kさんにとってそんなお参りが「気になること」なのです。

そんな自分の「気になること」をヒントにしてみてください。

たとえば、写真で見たオーロラの夜景が気になる、レゲエが好きで聴いていると癒される、一度食べたことがあるブラジルの家庭料理がなんだか懐かしく美味しかった、ハープを弾いてみたらその指触りがなんだか心地よかった……とりたてて理由もなくそう感じることをヒントにしてみてください。そういう感覚は深いところにある前世の記憶に因ることが多く、それが前世旅行のヒントになるからです。

さらに、そこからもう少し絞り込んでみてください。オーロラが気になるなら、オーロラは北欧やカナダでも観られますが、北欧とカナダではどちらに惹かれますか、ハープが気になるならハープはグランドハープとアイリッシュハープのどちらに惹かれますか、もし可能なら実際にハープに触ってみて、どちらがしっくりくるか試してみることはなお良いかもしれません。もしアイリッシュハープならケルト民族に由来する前世かもしれません。そんなふうにあなたの前世で暮らした場所を探る方法が見えてくると思います。

少し目的を持って行く旅

ご紹介しましたように私のスペインの旅行がやがて現実問題の解決の鍵になったわけですが、こんなふうに、もし前世旅行に出かけるのならば、ただここで暮らしていたのかしらという思いを楽しむだけでなく、もう少し前世旅行の目的を持つことがおすすめです。次に、そのヒントを書いてみましょう。

この場合のキーワードは「目的意識を持つ」です。当たり前すぎてすみません。けれどここでいう目的意識はベルギーでワッフルを食べてみようとか、パワースポットのセドナを訪れてみようという目的意識ではありません。今の人生にとって有効な体験をするための目的です。そのためには今の人生においての問題意識を持つことが大切です。漠然と生きているのでなく、もっとこうなりたいのにどうしてそうならないのか、こういう状況は望まないのになぜ繰り返すのか、ということです。そんな自分の問題を前世で暮らした土地を訪れ、問題の原点を知りたいという目的のことです。

とは言うものの、そんなに深刻にならなくても、こんな目的意識を持ちながらの前世旅行は、有効な旅になる可能性があると思います。ちょうど私が「なぜこんなふうになるのか？」という疑問にスペイン旅行が有効だったようにです。6章で触れましたプレスリー好きのたっちゃんはプレスリーのお墓参りをしようとメンフィスを訪れるのですが、前世で黒人の奴隷の人生を送ったことで「人生は自由でない、誰かの支配を受けなければ自分は生きていけない」という信念を持ち越しているとします。そこで仮にたっちゃんが「なぜ、私はもっと自由に人生を楽しめないのだろう？」と今の人生に対して問題意識を持ったなら、メンフィス旅行も違う側面を見ることができるということです。

・恋人とうまくゆかない。

・子供のことで悩んでいる。
・信頼している人から裏切られることが多い。
・仕事先の人間関係に困っている。

そんな悩みや繰り返してしまう望まない状況を、望む状況に変えたいというのはどうでしょう？

つまり自分の持ち越した思考パターンをリリースする（手放す）ことを目的に前世旅行を楽しむのも良いかもしれません。それは前世旅行では前世を知ることより、前世を感じることでリリースできるものが多いからです。

もう少し実践的にするなら

「気になる事」をヒントにしようとか「問題意識を持とう」とか、なんだか少し曖昧でピンとこない方にここではもう少し実践的な方法に触れましょう。たとえば自分で「ヴィジョンで前世を見てみたい」とか「前世で何があったかを思い出したい」という方のために。

これまでご紹介したように、私は6年前まではそういった能力はありませんでした。けれど文中にあるような（ここでご紹介できなかったことも含め）いろいろな体験から、いわゆる光の回線が繋がった状態になったのですが、実はこれは本来ほとんどの方ができます。なのに、なぜできないのが普通なのでしょう。それはほとんどの人ができないと思っているからです。

一般的に私達は普段、物質世界しか見えないという思い込みをしているのです。たとえば文中でも触れましたが、よくベッドに横になりウトウトしかけた時や、そんな状態に近い時にヒラメキがある、というのは体験されている方も多いと思います。これはベッドでリラックスしていわゆる変性意識状態になっているわけです。

ここで知覚が広がる、つまり電波が立っている状態とでも思ってください。人によってはここで体外離脱（幽体離脱）したり、金縛り状態を体験したりします。ヘミシンクなどはそういった状態を効率よくある意味人工的に作り出すわけですから、そういったセミナーを利用するのも良いかもしれません。私の体験でいうと、相手の意識を読む時にときどき対象の方の問題意識がしっかりしていないことありますが、そういう方の意識は読み取りにくく、モヤがかかったようなデータになることがあります。けれどセミナーに参加される方は意識がしっかりしていること多く、そういう中でトレーニングすることは効果的だともいえます。人間に限らず、動物や植物の意識を読むときも対象の意識の状態も影響します。つまり意識がしっかりしていない対象のものは検索しにくいわけです。

次はセミナーではなく、日常でもできるトレーニングにも少し触れてみましょう。

よく言われるヴィジョンとは頭の中にあるモニターに映る映像のことです。たとえば先ほど食べた食事を思い出してみてください。

仮に「ご飯にお味噌汁、生姜焼き」だったとします。ここで大切なことは、言葉で思い出すのでなく、その状態を思い浮かべるのです。できたら目の前に並んでいるように思い浮かべてみてください。どうですか、さっき食べたときのまま今まさに目の前にそれがあるように、思い浮かべるのです。ご飯茶碗やみそ汁のお椀の形や色、生姜焼きの付け合せのキャベツも、そしてどんな並べ方がされていたかもです、お箸は何色でどこに置かれていましたか？　今、目の前にその映像が思い浮かんだら、それがヴィジョンなのです。

「えっ、ただ思い出して思い浮かべただけじゃない。それでは前世を思い出せない」というかもしれませんが、ここで説明しているのは、良く見えないという方が多いので、ヴィジョンについてとても簡単に、だれでも見えているということを説明しています。

ではもう少し進めてみましょう。今日はこれから外出すると仮定します。何を着て行きますか？　気の置けない友人とホテルのレストランに行くとしましょう。デニムにスニーカー、Tシャツではカジュアルすぎるので、もう少しきちんとした服にしましょう。合わせて靴はどれがいいでしょう、バッグも合わせて考えます。まずデニムにスニーカーTシャツを着た自分を思い浮かべます。そして少しきちんとした服装を自分の手持ちの服から選び、今度はそれを着たところを思い浮かべます。そう、そしてその服装に合わせて靴やバッグもつけ足しながら思い浮かべます。

これはいろいろなヴィジョンを見るトレーニングになります。では今外出着に着替えた自分が見えている頭の中のモニターに、自分で思い浮かべた事象でなく、別のところからの情報をダウンロードして、そのヴィジョンを見るトレーニングをしてみましょう。

・絵を描くトレーニング

まず、文中に書いたように、頭の中のモニターに映っている映像を紙に描いて表現してみることを繰り返しましょう。もし絵が下手でも関係ありません。ここではモニターに映った映像を実際に表現してみることがポイントだからです。

むしろ絵が上手い方は、人に見せたときに上手くかけていると思われるようなテクニックを加えないようにしてください。ですからもし絵が苦手なら一本の線でいいのです。頭の中に一本の線を思い浮かべてください。考えるのでなく「一本の線」と検索して閃いたもので良いのです。そして浮かんだもの（モニターに映ったもの）を実際に紙に描いてみます。頭の中を覗く感じです。頭の中のモニターに映っている線を見てそれを描くのです。

次にそのヴィジョンの線を丸くしてみてください。ここで「えっ、丸くってどんなふうに」と訊かないでください。自分で線に向かって「丸くなれ」と指示してみるだけで良いのです。考えずに閃いた映像で良いのです。そして丸くなった状態をまた描いてみてください。つまり「丸くなれ」が検索したことにあたります。閃いた状態がダウンロードしたヴィジョンです。因みにこの図は私が受け取った情報を絵に描いたものです。もちろん何度もヴィジョンを絵に描くことを

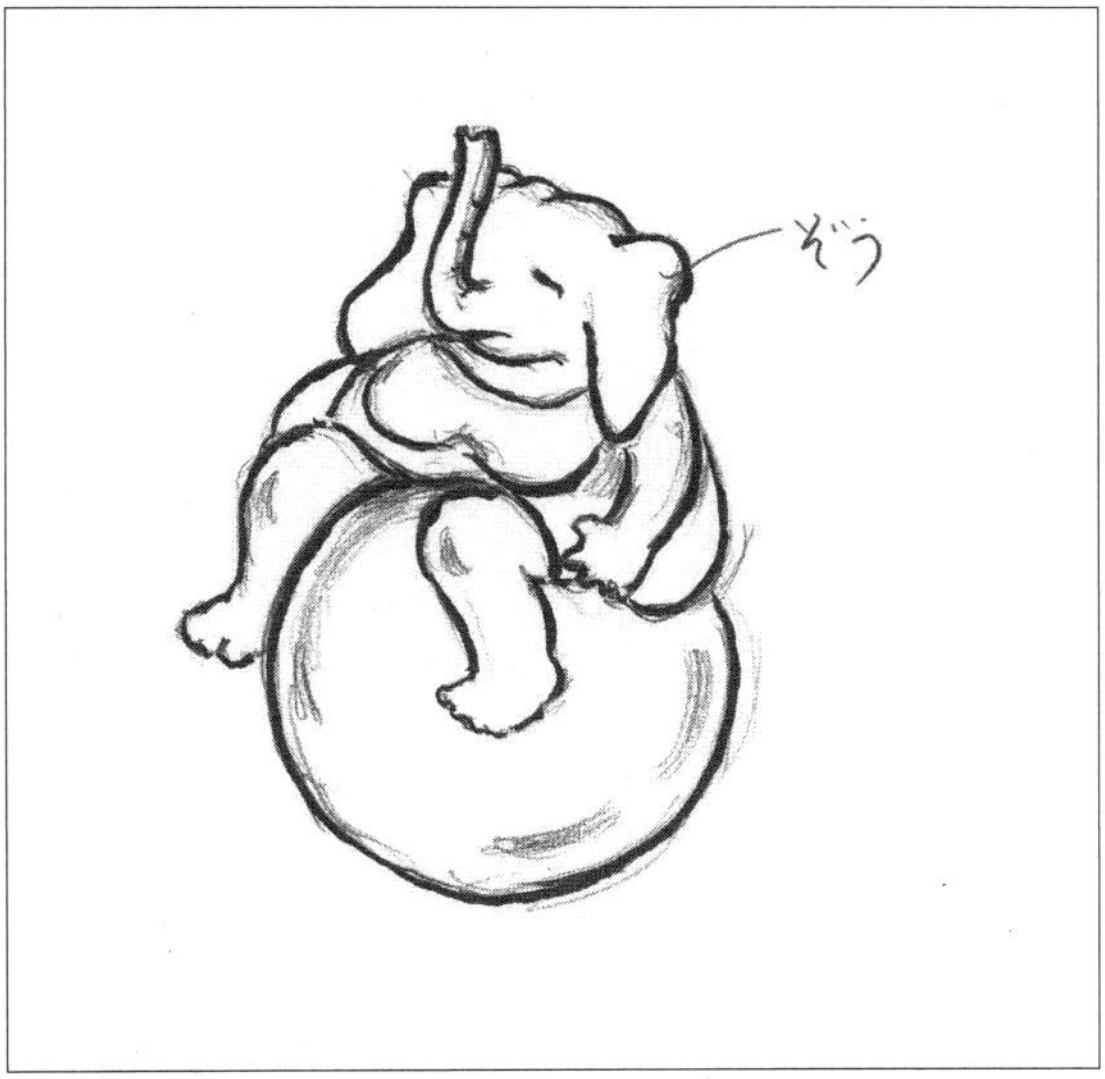

受け取った情報（ヴィジョン）

繰り返すうちに認識できた映像です。

　このとき、このヴィジョンをしっかり描くように伝わってきたので、頭の中のモニターを覗きこむようにして描きました。太った女性の頭が像で、球に座って浮かんでいます。このときいきなり見えた映像の横に「ガネーシャ」という文字が見えました。インドに伝わるガネーシャ神を思い出して描いたのではありません。私はこのとき、そのガネーシャ神を知らなかったのですから。横に見えた文字から後でインターネットで調べて初めてガネーシャ神を知ったのです。実際に神体として良く表現されている像とは違いますが、ヴィジョンの映像はこうでした。こうして自分で思い描いた映像と、ダウンロードした映像が違うことを体感してみてください。

　コツがつかめましたか？　では、これを応用して同じように前世旅行に関しての検索をしてみましょう。ここでは絵に描く作業はしません。閃くことを受け取り、伝えます。

　この場合だれか協力者がいると良いです。その方に閃くことを言ってもらいましょう。もちろん快く引き受けてくれる方なら特別な能力がない普通の方で良いです。その方の閃きを使わせてもらうのです。

「前世旅行に出かけたいけれど、それはどこですか？」「なぜ、そこが良いのですか？」「いつ、行ったらいいですか？」答える方は考えるのでなく、閃いたことを伝えてもらうのがコツですから、細かな説明はかえってしないほうがいいです。質問は自由ですができるだけシンプルに訊くことがコツです。

・クイズ三択トレーニング

ＴＶのクイズ番組を使ってトレーニングしてみましょう。よくある三択問題が良いと思います。質問があって答えが三つある中で正解をひとつ選ぶのですが、このときできるだけ質問は聴かないようにします。頭で考えないためです。そして頭のモニターに1から3までの数字を思い浮かべ閃きで答えを選びます。「この質問の正解はどれ？」と意図するのがコツです。

番組の進行で正解はすぐわかりますから、照らし合わせてみて閃きの正確さをトレーニングします。これを応用して「私の前世旅行は1ドイツ・2イギリス・3フランスのどこ？」と検索します。さらに絞り込んで「フランスの1パリ・2ニース・3リヨンのどこ？」と言うふうにさらに検索することができます。イメージで、閃く答えの数字に丸印をつけるでも数字が光るでも、そのサインも好きに設定してみてください。

・有名人の前世を読む

ＴＶのタレントさんの前世を読んでみるというのも、試してみてください。そのタレントさんの横に前世を思い浮かべてみるだけです。先に書いた電車の中の見ず知らずの人より検証しやすいというのもあります。たとえばあるタレントさんの前世の映像が中世の貴族だったとします。そのタレントさんが中世の貴族の生活をレポートする番組に出演されていたなどというシンクロを見つけるのも楽しいですよ。もちろんここでもそのタレントさんの今の状況を知ってイメージするのとは違います。ここでは何をダウンロードするかというトレーニングもすることになります。「この人の前世は？」「それはどこ？」「どんな仕事をしていたの？」などです。

以前あるスピリチュアル番組を見ていたとき、出演されている霊能者の方がゲストの前世を読み採るというときに、私はゲストの前世を先に読んでみて番組の内容と照らし合わせたりしてみました。霊能者の方が出演される番組はそんなふうに活用してみてはいかがでしょう。こういったことはいろいろにアレンジして応用してみることができます。

同時に、ヒプノセラピーをしてみる、前世リーディングをしてもらう、ヘミシンクや霊的セミナーに参加してみるなど、ちょうどセカンドオピニオン的に、検索してみるのも良いと思います。もちろん簡単に体験するのは難しいかもしれませんが、霊的能力が実はそれほど特殊な能力ではないことを理解して、自分にあった方法でコツを掴んだり、能力強化することは可能なのです。

旅行で出会うソウルメイト

文中にあるように、旅での同行者がそこで暮らした人生のソウルメイトであることがあったとアメリカを女性４人での旅をご紹介しましたが、こういったケースはよくあります。特になにも気づかず出会うより、そうだとわかるとまた旅での出会いも格別ではないでしょうか。

スペイン旅行をしてから三年ほど後のことですが、北フランスを旅したときです。効率良くまとめられたパッケージツアーでしたので、どんな方がご一緒するのかと少し楽しみでもありました。そこでこのツアーで再会するソウルメイトはいるかと、検索してみたのです。

すると「木村さん」という男性が前世の兄だったとわかりました。いざ出発の集合場所に行くと、ヴィジョンで見たイメージの男性がいます。中村さんというご夫婦のご主人のほうでした。苗字は一字違いでしたが案の定、旅行中なにかと食事のテーブルが一緒だったり、バスの席がお隣だったりします。次第に親しくなって、帰国後もお宅にご招待いただいたりするようになりました。まさか前世でお兄さんでしたよね、などともいえませんでしたが、定年後、世界を旅するのが楽しみの中村さんと束の間の再会は興味深いものとなりました。

旅の中で思考パターンを知る

旅行中の体験から自分の思考パターンを認識するのも興味深いです。日ごろ、日常の生活の中で自分の思考パターンを客観的に認識するのはなかなか難しいかもしれません。それは自分にとってあまりにも普通のことなので、慣れ親しんでしまっているからだと思います。けれど、旅で体験する思いは、日常の自分の感覚と違うことに気づくチャンスでもあります。

やはりあげまん美保ちゃんとベルギーを訪れたときです。

ブリュッセルの駅からほど近いホテルにチェックインして部屋で荷物をほどき、早めに夕食をすませシャワーを使おうとすると、なんとバスルームのドアのノブが壊れて取れていました。ノブはシャワールームの中に落ちたみたいで、ドアは閉まったままです。困ってしまいました。このままでは、シャワーはおろかトイレも使えません。もちろんフロントに連絡してなんとかしてもらえば良いのですが、チェックインのときからなんとも横柄で、感じの悪いフロントの中年男性を思うと、気持ちが落ち込みました。フロントの中年男性は、流暢に英語が話せないからだけでなく、東洋人のおばさん二人に嫌悪感を持っているのではないかと思えるような対応でした。

そこで美保ちゃんが、フロントに行って説明してくると部屋を出ました。

しばらくして廊下に響き渡る怒鳴り声。フロントマンと美保ちゃんが戻ってきました。

フロントマンは部屋に入るなり、壊れたノブと閉まったままのドアを見ると大きな声で「どうして壊れた!どうして壊れた!」とこちらが訊きたいことをわめくばかりでした。

私たちは事情を説明したのですが、彼の怒りはなかなかおさまらず、正直一人きりでなかったことに感謝したぐらいでした。

なんとかおさまって部屋を替えることになり、荷物をまとめて別の部屋に移り落着したのですが、自分が悪いことでもしてしまったような感覚で落ち込んでしまったのですが、美保ちゃんは違いました。フロントマンの対応の悪さに怒りはじめたのです。

ほかにホテルスタッフも見当たらない状況で、もしエスカレートして暴力でも振るわれたらどうしようかと心配していた私でしたが、美保ちゃんの意見に「確かにそうだな」と我に返りました。そして「なぜ私は、こんな状況で本来サービスを提供する側のホテルの対応の悪さに思いがいかなかったのか」と感じました。

また、スペインのマドリッドの駅でのことでした。予約していた電車の待ち時間が一時間半ほどあり、駅のカフェテリアで食事をしたときです、ゆっくり食事をすませてそろそろ改札を通ってホームに向かう時間となり、会計を済まそうとあたりを見回し、テーブル担当のウェートレスを探しますが一向に見当たりません。ざわざわと沢山の人でごったがえしていることもあるのですが、どうもウエートレスの手際が悪いようで時間がどんどん過ぎていきます。あせって遠くにいるウエートレスに合図をするのですが、会計にくる素振りもありません。

この特急列車をのがすと2～3時間のロスになります。無銭飲食というわけにもいかず、多めのお金を置いて立ち去ることも通用しそうもありません。時間はどんどん過ぎて、仕方なく私は次の列車に乗ることを覚悟し始めました。

そのときテーブルを離れた美保ちゃんが、遠くのレジで合図をしているのが見えました。笑顔で近寄ってきた彼女はカードを高らかに揚げています。近くのウェートレスに身振り手振りで交渉して何とか会計を済ましたそうです。英語がまったく通じない状況でしたが、慌ててホームに駆け込み、なんとか予定の列車に乗り込めました。

ここでお伝えしたいのは、私と美保ちゃんの思考パターンの違いです。

現状に飲み込まれて、諦めを選ぼうとした私と、ともかくなんとかならないかと行動してみた美保ちゃんとの違いです。どちらが良いとか悪いではなく、自分の持っている思考パターンが見えてくるという事実です。自分にとって有効でないパターンと有効なパターン。どちらを選ぶのか、旅の途中で体験するそんなことも、面白いかもしれませんね。

◆12章　旅する理由

旅行好きの方もそうでない方も、知らない所を旅することは、もしかして日常のなかでは意識しなかったなにか別の意味があるのではないかと思っていただけたら幸いです。

私自身、このスペイン旅行以前にも海外旅行を含めいろいろな旅の経験がありましたが、この前世旅行ともいえるスペインの旅ほど興味深い体験は初めてでした。仕事で行った旅行や、観光地に出かけるのも楽しいですが、前世といわれるトオイムカシに生活していたかもしれないその場所を訪れる経験は、得難いものになりました。

でも、いま考えると旅に出るまで起こったいろいろな不思議な体験が、とても重要な「後押し」のように思えてなりません。でなければ、ごく普通の観光旅行で終わったかもしれませんね。読者のみなさんも私のように、少し意識を変えて違う角度で旅を楽しまれたらいかがでしょう。

ここまで書いて思うのはこの短いスペインの旅一つとってみても、小さな人生のような気がします。旅行のきっかけが、名所旧跡観光だったり、その土地のいろいろなことに興味を惹かれたり、何かを楽しむことだったりする旅も、少し意識して視点を広げて体験してみると、旅に散りばめられているヒントが沢山用意されているように思います。それは、人生の一節の中でも同じで、目の前で起きている現実とそこに隠された沢山のメッセージを受け取る素晴らしい体験だと思えます。そう考えると、転生の中での一つひとつの人生もまた魂の大きな旅の一部なのかもしれませんね。

ところで、人はなぜ旅をするのでしょうか、そして無意識とはいえ前世で生きたその地を訪れることがあるのでしょうか。もしかして、私のように人生で手放せなかった思いを、もう一度思い出すためかもしれません。そして今なら、その思いを受け止め、手放せるかもしれない。深い意識の下でそうしたことを教えてくれるのではないでしょうか。もし旅をするのでしたら、そんな目的で出かけてみるのも良いのではないかと思います。

たとえそこが、自分の人生とは一見無関係なところであっても、きっと意識の深いところで今の人生とリンクする場面に出会えると思えるからです。

私達魂は何度も生まれ、いろいろな人生の体験をする魂の旅を続けています。

その一つひとつの人生の中で、やり残した課題や乗り越えられなかった思いとともに、何度も同じステージを繰り返すのでなく、少しずつでも本来の自分をとりもどすときが来ているように思います。

この前世旅行でご紹介した、私や友人のあげまん美保ちゃんは、どこにでもいる人です。そんなごく普通の美保ちゃんや私、そしてあなたも。取り立てて特別とは言えないかもしれない誰でもが、目の前で起きている現実の事象をチャンスととらえたら、たとえ大変な事でも、より良い未来創造の為に、その事象を有効に生かしていける力を持っているのだと思います。

奇跡は小さなきっかけから起きます。とても助からないような大事故から生還するような、大きな劇的な奇跡もありますが、ふとしたきっかけで自分の意識を変えるのも、とても大切な奇跡だと思います。

何気ない旅を前世旅行に替えて、あなたの魂が置き忘れたトオイムカシをとりもどすふるさとへの旅に出かけませんか。

忘れていた古い記憶の中にある、あなたが前世で生きたところへ。

あとがき

こうして、TV出演というちょっと強引なきっかけで、諦めかけていた本の出版が急に進みます。それは、いろいろな問題が解決し、前向きに生活が変化した丁度引っ越しのその日というタイミングでした。

その2年前の2011年の暮の事です。

フルトランスのチャネラーを通して宇宙意識と対話した時の事です。なんと、私は日頃の悩みだった「冷え症」について質問したのです。

その答えはこうでした。


……私の冷えの原因は、冷えを体験しているときにどう動くかに関係する。

自分自身に、動くとき何か障害を入れることがある。

動きたい所へ行くというのに時間をかけない、人間関係に関して、自分自身がすぐ動くかどうかで冷えがくる。シンプルに自分自身の行きたい所へ動けることをすると、血流の流れもシン

プルさを体験。（以下略）

と言われ。さらに、今後人々の意識上昇の手伝いは何ができますか？　という質問に、

……あなたの中で理解していない部分、まわりからみるとスピードがある、それをシンプルに出すだけで理解するようになってゆく。

普段の行動で、あり方で周りをサポートすることになる。スピードを出すことが周り２０１２年（アセンション）へのサポート。決意はもうしている、行動してゆくだけ。

障害を挟まず動くことによって、周りに動いて良いというエネルギーを伝えることができる。

（周りのサポートになる）……

と返事がきました。私にはやや難解な答えです。でも、シンプルに動くよう心掛けることはできそうですし、悩みの「冷え」が良くなるのならうれしいです。さらに周りへのサポートになるなんて、なんて素晴らしいのでしょう。

こう認識したときから、現実は変化していたのかもしれません。

「冷え症」が治るためにもシンプルに行動しようと思ったことは、突然のＴＶ出演を体験した動機のひとつでした（笑）そしてこのことがひとりでも多くの方の意識上昇のきっかけになればと

望みます。

さて、原稿を書き終えたとき、見えたヴィジョンはガネーシャ神とおぼしき女性がマスター・クツミのギャグの靴を履いた全身像でした。

表紙の絵はそのヴィジョンを少し可愛くアレンジして描きました。（笑）

すべてのスピリットに感謝します。

お願い――

本書は文中のヘミシンク、ヒプノ、前世リーディングやその他スピリチュアルなワークショップを推奨する意図はございません。

すべて実話ですが、私と同じ体験ができることを保証することもできませんし、それらを評価できる立場にないと思っているからです。ご自身が体験されるときはご自身の判断でされることをお願い致します。霊的能力がそれほど特殊なことではなく、だれもが体験できるということが伝われば幸いです。

また、文中の出来事は私の認識した側面で、同時にその出来事に関わったソウルメイトは私とは別の側面を認識していたということを付け加えさせていただきます。

荒居砂羅（あらい・さら）

東京都出身　ジュエリーデザイナー／チャネラー
（株）ディールーム砂羅代表取締役
「Sara」ブランド・オーナーデザイナー
デビアス・ダイアモンド・コンテスト、グランプリ等多数受賞
TV 出演、雑誌などで作品紹介、大手メーカーのハウスブランドを手掛け、現在は主に展示会販売を中心に自社ブランドを展開中
モンロー研究所セミナー GW ～ SL Ⅱ参加、他多数スピリチュアルセミナー参加後スピリチュアルカウンセリング、スピリチュアルトレーニング、チャネリング会主催、故人メッセージ等、チャネラーとして活動中。
40 年以上のキャリアから宝石のプロとして、スピリチュアルな視点から宝石を選ぶジュエリーのためのカウンセリングを全国で展開中。
Official Website　http://www.sara-arai.com/

あなたも不思議の旅にでたくなる
スペイン　**前世旅行**

平成26年6月24日　　第1刷発行

著　者　荒居　砂羅
発行者　日高　裕明
発行　株式会社ハート出版
〒171-0014　東京都豊島区池袋3-9-23
TEL.03-3590-6077　FAX.03-3590-6078

©Arai Sara　Printed in Japan 2014

ハート出版ホームページ http://www.810.co.jp

ISBN978-4-89295-982-0　編集担当／藤川　　印刷・大日本印刷

乱丁、落丁はお取り替えいたします

坂本政道の本

あなたもバシャールと交信できる

宇宙の叡智として知られるバシャールは
あなたからのコンタクトを待っている。
この方法で、親しい友人と会話するかのように、
高次の存在と「会話」できるようになる。

坂本政道／著

《CD》※直販商品

本体２５００円

《書籍》

本体１８００円

《書籍＋CDセット》※直販商品

本体４０００円

本体１５００円

絵で見る死後体験

あのベストセラー「死後体験」の世界を本人直筆イラストによって再現。あなたの人生観を変えるかもしれない一冊！

坂本政道／著

驚異のヘミシンク実践シリーズ2

ガイドとの交信マニュアル

ヘミシンクライフをさらに楽しむヒント
あなたのガイドと確実にコンタクトできるコツ満載！

本体１３００円

坂本政道／監修　藤由達藏／著

坂本政道の本

アセンションの鍵

2012年とアセンションの大きな誤解。バシャールとの交信が真実を明らかにする。

本体1500円

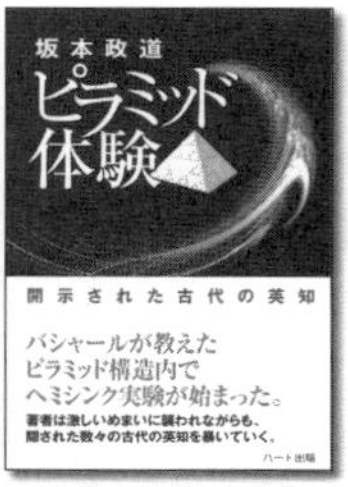

ピラミッド体験

バシャールが教えたピラミッド実験で古代の叡智が暴かれる!!

本体1800円

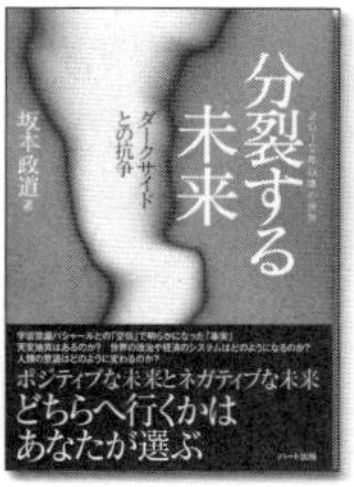

分裂する未来

バシャールとの「交信」で明らかになった「事実」。ポジティブとネガティブ、未来を選ぶのはあなた。

本体1500円

2012年目覚めよ地球人

2012年は一大チャンスだ。人類は「輪廻」から卒業する。

本体1500円

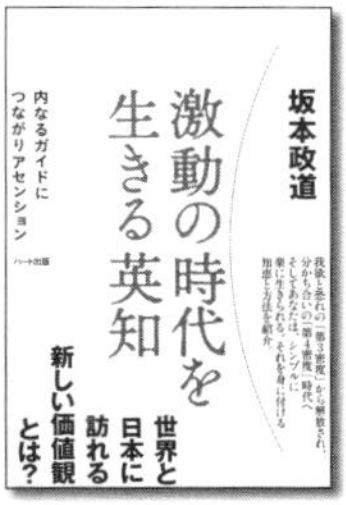

激動の時代を生きる英知

世界規模の激しい変化。人類がこれからを生き抜くために必要な英知を内なる高次意識に聞く。

本体1400円

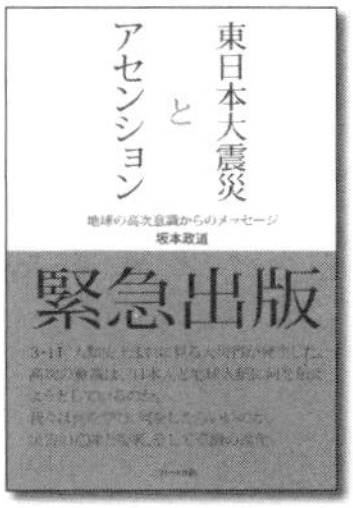

東日本大震災とアセンション

3・11の意味とは? そしてこれからの日本と世界は……

本体1300円

死後体験

日本人ハイテクエンジニアによる世界観が一変する驚異の体験報告。シリーズは4まで。

本体1500円

2012人類大転換

我々はどこから来たのか? 死後世界から宇宙までの数々の謎が解き明かされる。「死後体験」シリーズ4。

本体1500円

ヘミシンク家庭学習シリーズ

※直販、通販および一部書店（特約店）のみの販売商品です。

ヘミシンク完全ガイドブック
WaveⅠ～WaveⅥ

坂本政道／監修
芝根秀和／著

WaveⅠ　本体　2500円
WaveⅡ～Ⅵ　本体各2000円

ヘミシンク家庭用学習プログラム
『ゲートウェイ・エクスペリエンス』
完全準拠！

初心者からベテランまで役立ちます。ヘミシンク・セミナーのノウハウをもとに編集されており、実際のセミナー受講と同じようなスタイルで学習を積み重ねていくことができるファン待望のガイドブック。

※このガイドブックの内容は、アクアヴィジョン・アカデミーのセミナーで教えているものです。モンロー研究所で発行する公式出版物ではありません。

『ゲートウェイ・エクスペリエンス』対応CDがついたお得なセット
ヘミシンク完全ガイドブック CDBOX

WaveⅠ　本体　14000円
WaveⅡ～Ⅵ　本体各13500円

＃ＣＤと書籍を別々に買うより500円お得！

坂本政道

ベールを脱いだ日本古代史シリーズ①～③

①高次意識トートが語る
②伊勢神宮に秘められた謎
③出雲王朝の隠された秘密

縄文末期から弥生時代、邪馬台国の時代を経てヤマト王権が確立されていく過程には、いまだにわからないことが多々ある。『記紀』に書かれたことがらとの関連性も多くの点で不明なままになっている。本著はそうした謎解きに挑戦しながら高次意識へアクセス謎の解明を試みた意欲作品である。

本体価格各：１８００円

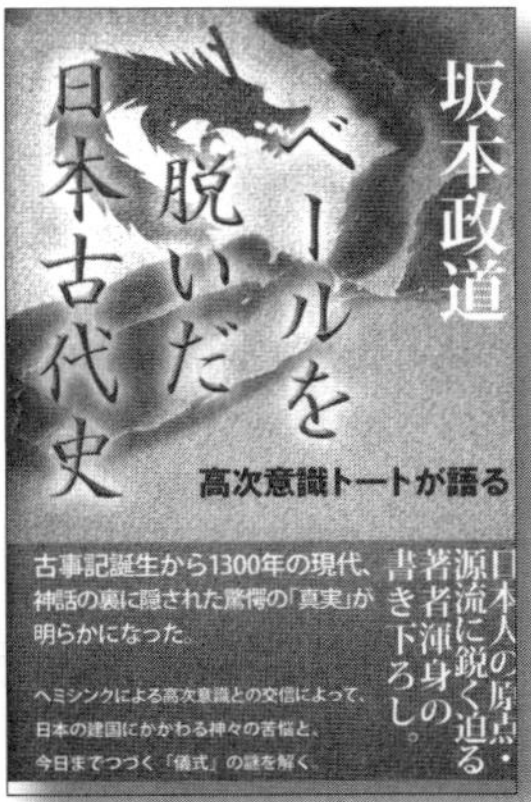

坂本政道著

あの世はある！

私が言いたかったことは次の項目である。

①あの世はある。
②人は肉体の死後も生き続ける。
③あの世を訪れ、死んだ人と会ったり、交信したりできる。
④それを可能とす方法がある。それはヘミシンクである。
⑤ヘミシンクを学んだ多くの人がこれまでに死後世界を訪れ、死んだ人に会い、会話している。
⑥ヘミシンクを使えば、自分には多くの過去世があることも分かる。ガイドという自分を導く存在があることもわかる。
⑦ただし、こういった体験を客観的に証明することは現段階では難しい。
⑧愛する人を亡くした人がヘミシンクを学び、亡くなった人に会い、幸せにしていることを知ると、悲しみが癒され、解放される。体験が証明できなくても、体験した本人にはそれだけの真実性があり、インパクトがある。
⑨本書に書かれた事柄を信じるも信じないも読者の自由である。信じたとしても、本当を知り、納得するには自ら体験するしかない。
⑩死後世界の存在や過去世やガイドの存在を確信できるようになると、死の恐怖はなくなる。そうなると、より素直に、より快適に、より気軽に生きられるようになる。これまでとは違う新しい価値観をもつことができる。

本体価格：1500円